楚天科技之星

湖北省科学技术协会 编著

世界图书出版公司
广州·北京·上海·西安

图书在版编目（CIP）数据

楚天科技之星 / 湖北省科学技术协会编著.
--广州：世界图书出版广东有限公司，2016.12

ISBN 978-7-5192-2053-2

Ⅰ．①楚… Ⅱ．①湖… Ⅲ．①科学工作者-先进事迹
-湖北-现代 Ⅳ．①K826.1

中国版本图书馆 CIP 数据核字(2016)第 278179 号

书　　名	楚天科技之星
	CHUTIAN KEJIZHIXING
编著　者	湖北省科学技术协会
策划编辑	杨力军
责任编辑	杨力军
装帧设计	高艳秋
出版发行	世界图书出版广东有限公司
地　　址	广州市新港西路大江冲 25 号
邮　　编	510300
电　　话	020-84459702
网　　址	www.gdst.com.cn
经　　销	新华书店
印　　刷	武汉华东印务有限责任公司
开　　本	787mm×1092mm　1/16
印　　张	9.25
字　　数	200 千
版　　次	2016 年 12 月第 1 版　2016 年 12 月第 1 次印刷
ISBN 978-7-5192-2053-2	
定　　价	68.00 元

前　言

　　党的十八大提出实施"创新驱动发展战略",强调"科技创新是提升社会生产力和综合国力的战略支撑,必须摆在国家发展全局的核心位置"。党的十八大以来,以习近平同志为核心的党中央始终把创新摆在国家发展全局的核心位置,高度重视科技创新,围绕实施创新驱动发展战略、加快推进以科技创新为核心的全面创新,提出了一系列新思想、新论断、新要求。

　　优秀科技人物是创新驱动的中坚力量,他们在创新中具有重要而独特的作用,是推动时代进步的牵引力量,对公众可产生指导、教育、示范、激励的作用。优秀科技人物具有强烈的时代精神,他们精益求精的科学思想、一丝不苟的科学精神和实事求是的科学方法既是提高公众科学素养的富矿和教材,也是社会公众的榜样和楷模,更是广大科技工作者立足岗位,勇攀科技高峰的示范和先锋。

　　科技是国家强盛之基,创新是民族进步之魂。科协作为科技工作者的群众组织,服务创新驱动、宣传优秀科技人物是义不容辞的职责。近年来,湖北省科协立足于湖北科技界的实际,创新理念服务科技人才,创新方式宣传优秀科技人才,致力于丰富科技工作者的宣传形式,拓宽科技人物的宣传渠道,增强科技人员的社会知名度和社会荣誉感,在全社会弘扬科学精神、培育科学文化,倡导践行社会主义核心价值观,激励广大科技工作者为大力实施创新驱动发展战略做出更大贡献。

　　湖北是科教大省、人才大省，全省广大科技工作者奋战在科研一线，在荆楚大地上创造着科技奇迹。《楚天科技之星》以他们之中的优秀代表——第六届全国优秀科技工作者中的 17 位优秀科技人物为切入点，展现了湖北科技工作者竞相迸发的创新活力。他们有的耕耘在科研、教学领域，多次主持或参与国家重大科研项目；有的坚守在农村、企业一线，在平凡的岗位上从事农业新品种、新型工业材料及制品的推广研发工作……这些科技工作者虽然从事的工作不同，研究的方向各异，但有一个共同特点，那就是都在各自的科研领域和工作岗位上做出了突出贡献，是本行业的领军人物，是湖北省广大科技工作者的优秀代表。他们高风亮节，不计较个人名利，为了科学事业而奋斗，为了百姓急需、国家紧迫的问题贡献自己的力量。

　　本书所收录的作品，力求突出创新意识和精品意识，力求既体现时代性，又把握历史的纵深感，引导读者体悟科技工作者的执着付出，品味他们的高尚情操，展示他们的事迹成果，彰显他们的人格魅力，张扬优秀科技工作者职业风采。本书的编辑出版，对于进一步促进全省在吸引、培养人才方面下大功夫，为各类优秀人才创新创业营造良好环境；对于全省各界深入实施科教兴鄂和人才强省战略，加快推进创新型湖北建设，促使科技事业取得长足进步，涌现出更多的优秀科技人才，进一步增强科技创新能力，具有十分重要的意义。

叶贤林

（湖北省科学技术协会党组书记、常务副主席）

目 录
CONTENTS

王家宁

第六届全国优秀科技工作者王家宁,男,汉族,1967年11月出生,湖北省房县人,中共党员。2010年至2012年在美国乔治亚大学做博士后研究。现任十堰市人民医院副院长、临床医学研究所所长、心脏中心主任,主任医师、二级教授、博士后、博士生导师,湖北医药学院第三临床学院院长,兼十堰市心血管专业委员会主任委员。是湖北省医学领军人才,湖北省第三批引进海外高层次人才"百人计划"人选,楚天学者特聘教授,十堰市卫计系统道德模范。先后荣获湖北省第六届青年科技奖、十堰市十大杰出青年、全国优秀科技工作者、湖北五一劳动奖章、湖北省"十佳师德标兵"等多项荣誉称号,享受省政府专项津贴、国务院特殊津贴。

长期从事血管再狭窄分子机制与临床、干细胞移植治疗心血管疾病的基础与临床研究。曾获湖北省科技进步奖二等奖1项,湖北省科技进步奖三等奖2项,湖北省自然科学优秀学术论文特等奖1项,三等奖1项,十堰市科技进步奖5项,国家发明专利1项。获得国家级自然科学基金项目2项,省、市级科研项目多项。发表SCI论文近20篇,其中影响因子在5分以上的有5篇,最高影响因子7.235,中文期刊近百篇。2012年,其主持的"Meox1在血管损伤后新生内膜形成中的作用及其分子机制"项目研究,获国家自然科学基金(面上项目)1项,资助70万元,配套基金105万,创十堰市卫生界历史最高纪录。

心语

德者业固。没有一颗热爱患者的心,就是愧对医生这个神圣的职业;一个医学科研者,不把科研成果应用于实践,造福于患者,更是对这个职业的亵渎。

德高业精的心脏卫士

——记湖北医药学院附属人民医院、十堰市人民医院副院长、心脏中心主任王家宁教授

湖北省首位落户地市医院的全日制医学博士；

我国著名心血管专家胡大一教授的得意弟子；

创造了十堰市医学界国家自然科学基金项目最高纪录，所领导临床医学研究所桃李芬芳，心脏病中心连续两届在湖北省临床重点专科评审中勇夺第一名……

他，就是王家宁。

师出名门　志存高远

北京医科大学（现北京大学医学部），全国公认最好的医学高校。

胡大一教授，中华医学会心血管专业委员会主任委员，被誉为我国"心血管之父"。

考上北京医科大学，成为胡大一教授的弟子，二者任选其一都可能是许多医学生的梦想。1992年，来自鄂西北深山的王家宁，从全国数百名考生中脱颖而出，以综合成绩第一名的好成绩考取北京医科大学研究生，成为胡大一教授的"开门弟子"。

名校、大家的培养，赋予王家宁更优秀的"基因"。在北京医科大学的全面培育和胡大一教授悉心指导下，他开展了"心脏电生理"和"再狭窄基因治疗"的相关研究课题，开始了心脏病领域深层次的学习和探索，并独立设计完成了《反义c-myc对大鼠血管平滑肌细胞增殖、迁移、凋亡和对大鼠动脉损伤后反应的影响》等多篇有影响力的专业论文。本来需三年才能读完的硕士研究生课程，他仅两年

就提前完成并直接攻读博士。1997年,30岁的王家宁,以优异的成绩毕业并获得医学博士学位。

彼时,博士尚属国家稀有人才,全国的博士加起来还不到一万人,而像王家宁这样师出名校大家的全日制博士,更是分外抢手。

面对众多大城市大医院伸出的橄榄枝,这个满怀抱负从大山深处走出来的青年才俊,毅然回到家乡十堰工作,立志用平生所学报答山乡父老。他也由此成为湖北省首位落户地市州医院的医学博士、十堰医疗界第一位医学博士。

1997年,王家宁回到母校湖北医药学院(原郧阳医学院)从事临床、教学、科研工作。2002年,正式加盟湖北医药学院附属人民医院即十堰市人民医院,担任医院科研核心——临床医学研究所所长,并从事心血管内科临床工作。

王家宁卓越的科研能力和临床技术,在十堰市人民医院得到充分显现:先后完成心脏介入手术1500多台,独立指导研究生9名。在自然科学核心期刊发表高水平论文100多篇,其中多篇被美国《化学文摘》和美国《医学索引》收录,在国内首次报道了VEGF基因治疗严重肢体缺血性疾病的临床疗效。1999年在我国率先开展下肢及心脏基因搭桥手术,使众多患者重获新生。

留学博士后归国(中),市局和院领导迎接

医科相长　润物无声

"德者业固。没有一颗热爱患者的心，就是愧对医生这个神圣的职业；一个医学科研者，不把科研成果应用于实践，造福于患者，更是对这个职业的亵渎。"这是王家宁常常对科室同事说的话。正是这样的职业追求，让他成为鄂西北患者心目中德才兼备、医科相长的专家。

在临床医学研究所，他带领团队紧密结合国家中长期医疗卫生事业健康可持续性发展的需要，以干细胞产业化发展为总体目标，对湖北医药学院干细胞、基因治疗和 DC-CIK 细胞生物免疫治疗等优势进行深度利用和开发，努力实施自主创新。经过多年的努力，该实验室已经成为湖北省重点实验室，在基因、干细胞以及血管生物学研究领域达到国内领先水平。

与来访嘉宾合影

其中，王家宁主持的"Meox1 在血管损伤后新生内膜形成中的作用及其分子机制""补体反应基因 32 在心脏成纤维细胞激活导致心脏纤维化的作用及分子机制研究"等研究获国家自然科学资助，"外源性 Gax 过表达对大鼠动脉损伤后内膜增生和血管重塑的影响"获省自然科学基金资助，"全反式维甲酸对大鼠动脉损伤后内膜增生和血管重塑的影响"获省科技厅和市科技局资助，经鉴定达国内领先水平。"细胞穿透肽 PEP-1 介导的铜／锌超氧化物歧化酶防止缺血丙灌注损伤的研究"获湖北省科技进步二等奖，《VEGF 动员心脏干细胞修复梗死心肌的治疗》在 Cardiovascular Re-search 杂志上发表，编辑部为此专门配发了书评：这项研究是心脏病治疗领域一项巨大进展。

冠心病由于血管狭窄闭塞造成心肌供血不足，采用血管内皮生长因子，促进新生血管的形成和侧支循环的建立，也就是通常说的用分子搭桥来恢复心脏的血液供应即基因搭桥治疗。它的开辟尤其对于现在其他医学治疗手段不好解决的晚期冠心病人十分有效。

针对由血管狭窄闭塞造成心肌供血不足引起的冠心病，他率领科研小组在我国率先开展下肢及心脏基因搭桥手术，从而成为国内第一个被报道的成功应用血管内皮生长因子基因治疗难治性缺血性疾病的案例。这项科研成果引起中央电视台《科技之光》栏目的关注，该栏目对这一成果进行了详细报道。节目播出后，许多患者慕名前来。

河南省鹤壁市的患者李某，因下肢动脉狭窄造成肢体坏疽，一般的治疗方式是截肢，这让年轻的李某无法接受。绝望中，其家人在《科技之光》上看到了王家宁博士基因搭桥技术的报道，犹如在无边的黑夜见到一盏明灯，李某连夜启程赶往十堰。王家宁运用基因搭桥术成功挽救了他的双腿。李某感激地对他说："您不仅救了我的命，还保留住了我比命看得还重的双腿。您的恩德，此生难报啊！"

陕西省白河县患者王某，心脏3支血管病变，曾到多家著名医院就诊，大夫均告知已经失去介入治疗和外科搭桥治疗机会，而药物治疗又不能控制心绞痛的发作和心衰的进展。病人非常绝望，抱着试一试的态度找到王家宁。经王家宁精心设计基因治疗方案，一个月后心绞痛发作次数明显减少，心衰症状控制，生活也能自理了……

在手术室

在实验室做实验

　　如同恩师胡大一,百忙中的王家宁对自己的每一位患者都始终关注到底,直到其平安出院。他坚持每天查房,亲自了解患者手术后的状况。遇到一些家庭条件差的患者,他总是悄悄留下一些资助:或是衣物或是送饭菜,改善他们的住院生活……润物细无声,他就这样春雨般滋润着一个又一个患者的心田。

勇立潮头　屡攀高峰

　　医疗科研工作需要国际化的经验和视野,必须时时关注医学发展动态,追寻医学前沿。

　　为了学习更多的国际先进技术和经验,2009年,年届不惑的王家宁做出惊人决定:赴美国佐治亚大学深造攻读博士后。此时,他已是十堰市人民医院副院长、临床医学研究所所长。

　　在美国的两年时间里,王家宁如饥似渴地学习心血管领域前沿知识,几乎把全部时间和精力投入研究工作中,每天工作长达十几个小时。其间,他圆满完成了两个血管生物学相关课题,分别发表在美国心脏病学会和国

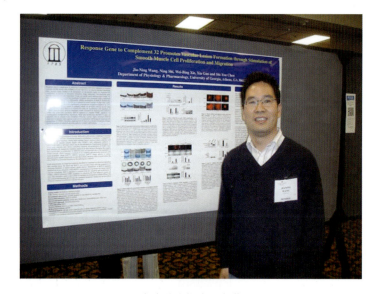

考察美国佐治亚大学

际自由基研究学会主办的杂志上。通过课题研究,他熟练掌握了病理实验技术、大鼠颈总动脉球囊拉伤模型、小鼠颈总动脉导丝损伤模型、小鼠心梗模型等许多科研技能,大大提升了科研能力,为回国后开展相关领域的研究奠定了坚实基础。

　　在全面提升自身能力的同时,身在异国他乡的王家宁也无时不在关注十堰人医的建设发展。他深知,医院发展的关键在于人才。只有建成人才高地,才能提升医院核心竞争力。

出于崇高的使命感,他主动担当起"伯乐"的角色。他牵线搭桥,使十堰市人民医院与祖籍十堰市郧县的美国顶尖级生物医学科学家、佐治亚大学生理与药理学系终身教授陈士友建立了国际科研合作机制。每年,十堰市人民医院派出 1 名中青年骨干到该校深造,指导医院申报国家自然科

在实验室

学基金项目和发表 SCI 论文,为医院免费提供不易购买的科研试剂等。此举不仅直接提升了十堰市人民医院的医学科研水平,而且为全市临床、科研、教学工作与国际接轨搭建了一个优良平台。

在王家宁的带动和影响下,美国佐治亚大学博士后、美国生殖生物学会会员、曾获国家科学技术奖自然科学奖二等奖的刁红录,也放弃国外优越的工作生活条件,于 2012 年底回国加盟十堰市人民医院生殖医学中心,成为十堰引进的首位在国外做了 6 年博士后研究的资深海归人才。

桃李不言,下自成蹊。突出的专业才能和工作业绩,换来的是一项项沉甸甸的荣誉和令世人瞩目的耀眼光环:2012 年,王家宁主持的课题获得国家自然科学基金资助 70 万元,创十堰卫生界最高纪录;2013 年他和陈士友教授联合申报的海外学者合作基金又获得了国家自然科学基金委资助,这是湖北医药学院首次获得此类别项目的资助;2013 年,他主持的科研成果,成为湖北省地市州医院临床医疗组唯一获得湖北省科技进步二等奖的项目。

王家宁领导的心脏病中心,连续两届在湖北省临床重点专科评审中荣获全省同专业第一名。2014 年 9 月,又借南水北调对口支援之机,率先与国内心脏病诊疗龙头医院——首都医科大学附属北京安贞医院建立协作关系,志在通过三至五年的努力,建成鄂西北首个心脏病专业的国家级重点专科。如今的十堰市人民医院心脏中心,已成为全省市州级医院中综合实力最强的心脏病医疗基地。

王家宁领导的临床医学研究所突出基因治疗和干细胞治疗两大前沿研究,

取得累累硕果:《干细胞修复梗死心肌的机制研究》为干细胞治疗缺血性心脏病奠定了理论依据,在《欧洲胸心血管外科杂志》上发表后,被引用频次超过百次,引起同行的广泛关注和高度认可;开展的PEP-1-SOD1和PEP-1-CAT治疗心脑血管疾病项目获国家发明授权专利,与厂家合作开发出国家一类新药,将产生巨大的经济效益和社会效益。以研究所为平台,独家引入的肿瘤细胞免疫治疗技术(APDC-CIK),广泛应用于诸多临床科室,为无数肿瘤患者找到了一种新的治疗方法;干细胞治疗技术在临床多个科室得到了应用。而他所领导的临床医学研究所,更成为湖北医药学院湖北省胚胎干细胞研究重点实验室的三大核心组成部分之一,是鄂豫渝陕毗邻地区科研中心和武汉大学医学院、湖北中医学院的研究生培养基地,不仅吸引众多十堰在外求学的博士、硕士回来在此研究,更吸引了陕西等诸多外省博士、硕士慕名来此做科研。至今,已有130多名研究生在此顺利完成学业。王家宁率领的科研团队也先后获评省教育厅优秀中青年团队、市委组织部重点项目创新团队,承担多项省、市科技攻关计划项目。

王家宁负责的湖北医药学院内科学已成为湖北省重点学科;临床医学研究所成为湖北省干细胞研究重点实验室,并与美国佐治亚大学生理药理学系建立了长久的合作关系,迄今共为医院培养4名博士后专家,为医院引荐5名留美博士后专家。湖北医药学院第三临床学院连续多年的考研上线率、四六级英语通过率、就业率均居湖北医药学院各临床学院榜首。

一路耕耘,一路芬芳。作为突出的医、教、研、管复合型高端海归人才,王家宁扎根山乡,用一颗火热的赤子之心干出了一番突出的业绩。先后被医院和十堰市卫计委选树为道德讲堂"忠诚"模范的代表,他忠于祖国、忠于人民、忠于事业、忠于医院的先进事迹感染了无数人,成为行业内外诸多人学习的榜样。

荣耀属于过去。展望未来,王家宁教授正带领十堰市人民医院心脏病中心和临床医学研究所,以推动医学事业发展、服务大众安康为己任,不断攀登科技创新高峰,不断深化专科建设,不断提高服务质量,为十堰区域中心城市建设,为促进医院和专科发展,为惠及更多群众健康福祉贡献更大的力量。

别之龙

　　第六届全国优秀科技工作者别之龙,湖北松滋人,1970年3月出生。1996年博士毕业于西南大学园艺系蔬菜专业,1999年10月—2001年9月在日本千叶大学园艺学部从事博士后研究,2002年至今在华中农业大学任教。现任园艺林学学院教授、博士生导师,国家西甜瓜产业技术体系"设施栽培"岗位科学家。

　　主要从事设施瓜菜栽培与生长发育调控、工厂化育苗等方面的研究与教学工作。先后主持国家自然科学基金等纵向科研项目30余项。在国内外发表学术论文150余篇,其中SCI论文30余篇。先后入选湖北省自然科学基金青年杰出人才计划(2008年)、武汉市学科带头人计划(2009年)和武汉市黄鹤英才(农业)计划(2014年)等人才计划项目。获中国农业工程学会第五届青年科技奖(2008年)、湖北省农业领域产学研合作优秀专家(2011年)、全国优秀科技工作者(2014)、国务院政府特殊津贴(2014)。主持完成的"主要瓜类作物工厂化嫁接育苗研究与示范""西瓜甜瓜健康种苗集约化生产技术研发与示范推广"分别于2010年和2015年获湖北省科技进步二等奖,"武汉市蔬菜清洁生产技术研究及集成示范"获得武汉市科技进步二等奖(2013年)和湖北省科技进步三等奖(2014年),主持制定湖北省地方标准6项。主持建设"设施园艺学"课程被评为国家精品课程(2008年)、国家精品资源共享课程(2012年)。主持完成湖北省教学改革项目"园艺专业实践教学的改革与创新"获湖北省教学成果二等奖(2009年),2014年担任第一届国际园艺学会蔬菜嫁接研讨会召集人。主编的《工厂化育苗原理与技术》被评为全国高等农业院校优秀教材(2011年),2015年被中国农业出版社列为数字教育资源课程。

　　现为国际园艺学会会员,中国园艺学会理事,中国农业工程学会理事,国家西甜瓜产业技术体系执行专家组成员,中国农业工程学会设施园艺工程专业委员会委员,中国园艺学会设施分会常务理事,中国蔬菜协会种苗分会常务理事,湖北省农村专业技术协会常务理事,湖北省农业工程学会常务理事兼设施农业环境控制专业委员会主任委员,湖北省园艺学会常务理事、湖北省西甜瓜协会副理事长,全国设施农业科学与工程本科系列教材编写指导委员会委员。兼任 *PLoS ONE* 学术编委,*Scientia Horticulturae* 咨询编委,《中国蔬菜》《中国瓜菜》《长江蔬菜》编委,中国农业机械化协会设施农业分会特邀专家。

　　将教学、科研、社会服务有机结合,让成果惠及千家万户。

用心倾注　以诚坚守

——记华中农业大学园艺林学学院教授、博导别之龙

1970 年,别之龙出生在湖北松滋市一户普通的农家。在这片肥沃的土地上,朴实的父母以种菜为生,辛勤劳作。别之龙从小学习勤奋,踏实敦厚,放学回家,总是跟父亲一起挑水施肥,精心侍弄地里的蔬菜。那时候的他,没有想到,种菜会成就他的学业,成为他一生追求的事业。兴趣、热诚、努力,造就了不同凡响的别之龙。

十年磨剑　钟情园艺

1987 年,满怀平原孩子对大山的憧憬,别之龙报考西南农业大学(2005 年西南农业大学和西南师范大学合并组建为西南大学),来到美丽的山城重庆,热望学习掌握更多更好的蔬菜栽培技术,帮助千千万万与自己父母一样勤劳的农民致富。他进入园艺系蔬菜专业学习,师从我国老一辈著名蔬菜专家刘佩瑛教授。刘老师严谨的治学态度,善良宽厚的人品,对他影响深远,指引着他的成长。本科期间他刻苦学习,成绩优异,名列前茅,被评为优秀毕业生并以优异成绩考上本校研究生。

1996 年,别之龙博士毕业留校任教,未来的科研方向和道路选择成为现实问题,那时恰逢我国设施园艺发展的第一个高峰期,尽管当时南方的设施园艺产业发展与北方相比差距明显,但他敏锐地意识到设施园艺产业发展将会带动我国蔬菜产业的巨大变革,为此,他选择设施园艺作为自己的科研发展方向。1998 年,通过层层选拔,他被遴选为教育部公派赴日博士后,次年在东北师大留日预校学习了半年日语,随后他选择日本设施园艺研究排名第一的千叶大学园艺学部蔬

菜研究室作为博士后实验室,系统学习设施园艺知识并开展博士后研究。2001年10月别之龙归国,考虑到重庆为寡日照地区,设施园艺发展受限,而湖北光热资源丰富,适合设施园艺发展。2002年,他愉快地来到了华中农业大学园艺林学学院,走上了传道授业的育人之路,开始谱写事业发展的新篇章。

潜心科研 创新模式

到华中农业大学工作后,别之龙带领研究生围绕设施蔬菜产业的突出问题开展研究,坚持以解决产业重大关键技术问题为导向,将基础研究、应用基础研究和应用技术研究有机结合。先后主持承担国家自然科学基金、"973"计划、国家科技支撑计划、"863"计划、现代农业产业技术体系项目、教育部科学技术重点项目、中以国际科技合作项目、中德农业科技合作项目、湖北省杰青、湖北省科技支撑计划、武汉市学科带头人计划、武汉市科技支撑计划等30余项科研项目。在国内外发表学术论文150余篇。他带领的团队在设施瓜菜生长发育调控和嫁接上形成了优势和特色。

主持国际园艺学会第一届蔬菜嫁接研讨会

针对我国设施蔬菜栽培中土传病虫害发生和土壤次生盐渍化日趋严重的现实,别之龙的研究团队围绕蔬菜嫁接开展了重点研究,深入研究解析通过砧木嫁接提高黄瓜耐盐性和提高西瓜对钾素高效吸收利用的生理和分子机制,创新了一批瓜类砧木种质资源,为瓜类作物嫁接抗逆栽培提供了重要理论基础,拓宽了蔬菜嫁接的应用范围。有关研究结果发表在 *Planta*,*Physiol Plant*,*PLoS ONE*,*Env Exp Bot*,*Sci Hortic*,*J Soil Sci Plant Nutri* 等 SCI 刊物上,研究团队蔬菜嫁接领域 SCI 论文发表数量国际排名第 6,国内排名第 1。他本人多次受邀在国际学术会议上做口头报告,3 次受邀担任国际学术会议科学委员会委员。2014 年担任国际园艺学会第 1 届蔬菜嫁接研讨会召集人,2014 年起受邀担任 SCI 刊物 *PloS ONE* 学术编委和 *Sci Hortic* 杂志咨询编委,具有一定的国际影响力。

为何结缘西甜瓜?别之龙坦言"兴趣"。针对我国瓜菜嫁接苗生产效率低、健康种苗率低的问题,他带领团队研发并建立了适合瓜类蔬菜的高效断根嫁接育苗技术体系、西甜瓜健康种苗集约化生产技术体系,解决了制约我国瓜类作物嫁接苗集约化生产的技术瓶颈,建立了西甜瓜嫁

在黑龙江考察指导露地西瓜生产(中)

接苗健康种苗生产技术体系,显著提升了我国瓜菜嫁接苗集约化生产的技术水平,所形成的西甜瓜嫁接苗健康种苗集约化生产技术已经在全国 20 余个省市区大面积应用;主持完成的"西瓜甜瓜健康种苗集约化生产技术研发与示范推广""主要瓜类作物工厂化嫁接育苗研究与示范"分别于 2015 年和 2010 年获湖北省科技进步二等奖,为保障我国瓜菜产业健康发展做出了显著贡献。

根据消费者对设施瓜果高品质需求和生产者追求简约化栽培技术的特点,他带领团队深入研究了设施栽培下西瓜和甜瓜果实发育和品质形成规律及调控

措施,阐明嫁接栽培、蜜蜂授粉和灌溉模式对瓜果产量和品质影响,为设施瓜果抗逆优质栽培提供了理论基础,为设施瓜果简约化栽培提供了技术支撑。团队根据蔬菜生产特点,提出了以嫁接为主的施肥减量增效技术、以微生物

指导西甜瓜嫁接苗生产(右四)

修复为主的菜田污染防控技术、以生物和物理手段为主的农药减量和残留控制技术;同时整合蔬菜栽培新技术、新品种和新模式,集成了武汉市蔬菜清洁生产技术体系,主持完成的武汉市蔬菜清洁生产技术研究及集成示范 2013 年获得武汉市科技进步二等奖,2014 年获得湖北省科技进步三等奖,为保障武汉市蔬菜产品质量安全做出了重要贡献。

服务产业　助力科普

在别之龙看来,丰硕的科研成果只有运用于土地,作用于生产,才能实现其应有的价值。科研的终极目标是服务产业、造福农民。他常说:"我希望不仅能将自己的成果写成论文,更希望研究成果能运用在辽阔的农村大地上。"

尽管科研任务已是紧迫繁重,但别之龙依然心系农民,常年奔波于公益推广技术之路,亲力亲为,为农民谋求福祉。每年他花大量时间去全国各地开展实地调研和技术培训,推广研究成果,年初忙到年末,校内忙到校外,天南海北,产业前沿,都留下了他的足迹。"我每年几乎有三分之一的时间都在出差,往返于国内西甜瓜各大产区,为他们巡回讲课,现场答疑。此外还录制光盘,进行点对点的技术指导,组建试验站。现已将研发技术推广至全国 20 多个省份。"

2002 年起,别之龙积极参与科技推广、科普示范工作。2006 年至今担任中国科协、财政部"基层科普行动计划"和"湖北省科普示范助力新农村行动计划"专

家组成员，负责绿色蔬菜科普示范助力项目评审和技术跟踪指导。无论多偏远的农村，他都坚持现场察看并用自身专业特长，针对性地展开蔬菜新品种、栽培新技术、新模式和园区经营管理技术培训，科普示范，促进绿色蔬菜标准化种植技术推广应用。2009年起，作为国家西甜瓜产业技术体系岗位科学家，他承担了体系内的大量指导和技术培训工作，下农村到基地更是成了说走就走的常事。

他承担商务部、湖北省农业厅、湖北省科技厅有关的技术培训工作，自2009年起连续担任"发展中国家设施农业管理研修班"主讲教授，至今已累计培训186名来自世界各地的农业技术官员；他担任湖北省科技特派员，每年为本省基层农技推广骨干人员开展技术培训，已累计培训2100多人；他还多次远赴新疆博州、吐鲁番、青海黄南藏族自治州等少数民族地区开展设施农业和集约化育苗技术培训，助力当地农村产业发展。

他积极为各级政府建言献策，与有关专家联合提出的"关于加快发展湖北省设施蔬菜产业的建议"被湖北省委省政府采纳并得以实施。受湖北省农业厅委托，他起草了湖北省设施农业发展规划，参与了武汉市7万亩设施蔬菜钢架大棚建设标准论证、项目评审和技术培训工作，推动地方蔬菜产业发展。

他重视农业科技成果转化，先后组织承办国内研讨会和观摩会4次，研发的西甜瓜嫁接苗健康种苗集约化生产技术和设施西甜瓜蜜蜂授粉技术已在全国西甜瓜主产区大面积示范推广。为省外培训农技人员累计达3500多人，指导30余家集约化育苗企业年产优质健康嫁接苗2亿多株，为我国西甜瓜产业发展提供了可靠保障。

他积极助力科普宣传，主编了《西瓜优良品种与丰产栽培技术》《长江流域冬季蔬菜栽培技术》《豆类蔬菜园艺工》3部科普书籍，用于农村实用技术指导；他研发的西瓜断根嫁接技术是当今国内外先进的西瓜嫁接技术，2009年中央人民广播电台、2013年中央电视台7套《农广天地》栏目组为断根嫁接技术在西甜瓜生产中的应用制作了专题，2014年中央电视台7套在别之龙海南示范基地录制了甜瓜蜜蜂授粉技术专题。节目多次播出，受到农民群众欢迎。他积极配合地方媒体科普宣传，多次在湖北电视台、《楚天都市报》等媒体解答消费者对黄瓜膨大剂运用、毒豆芽辨析等有关瓜果蔬菜问题的疑问。为消除西瓜注水等无聊网络传言，他一次次接受采访，不厌其烦地在实验室为媒体记者演示实验，证明传言的荒谬，正本清源，尽心尽力保护农户，维护产业。

2014 年,别之龙获全国优秀科技工作者荣誉称号,享受国务院特殊津贴,入选武汉市黄鹤英才(农业)计划。在海南三亚试验基地接受中央电视台 7 套《农广天地》栏目组采访时,他说:"我非常喜欢将自己的研究成果推广到产业发展中,使大家都能应用我们的成果,把它们转化为现实的生产力。"用所学知识帮助农户致富是别之龙深感自豪的事情。他不会忘记,藏区农户翻山越岭听他讲课学习先进种植技术的那种渴求,也不会忘记在重庆武隆偏远的高山蔬菜基地,农户现场挑出自家最大最甜的西瓜请他品评的那份殷切。他始终铭记数不清的人们电话咨询时的那种期盼……为此,他还有太多事情需要去努力,去完成。

考察番茄无土栽培

精心育人　桃李芬芳

身为一名高校教师,别之龙在教书育人、学科建设、教研教改和学生培养方面,样样做得有声有色。

2003 年,作为专业建设责任人,他牵头申报设置了设施农业科学与工程本科专业,华中农业大学是全国第二批设立此专业的高校;同年,由他牵头成功自主申报设置设施园艺学博士点,华中农业大学成为全国第一批拥有设施园艺学博士点的高校。2007 年,别之龙指导培养出全国第一位设施园艺学博士。他始终站在教学第一线,长期为本科生主讲设施园艺学、工厂化育苗原理与技术、设施农业案例等课程,为研究生主讲高级设施园艺学、园艺学进展等课程。为站好讲台讲好课,他投入大量精力用于教学研究,先后主持省级和校级教学改革研究项目5 项,主编教材 3 部。2008 年主持建设的"设施园艺学"课程被评为国家精品课程,主持的省教学改革项目"园艺专业实践教学的改革与创新"获湖北省教学成

在上海嘉定开展技术培训

果二等奖,主编的《工厂化育苗原理与技术》被评为全国高等农业院校优秀教材(2011年),2012年主讲的"设施园艺学"被列为国家精品资源课程。别之龙还获得学校教师先进工作者、教学研究与改革奖、青年岗位能手、教书育人奖、就业工作先进个人以及优秀共产党员等多项荣誉。

个人荣誉可喜,学生的优异成绩更让他欣慰。实验室自2002到2015年,已有41位硕博毕业生毕业,且多年保持100%的就业率。其中,朱进博士在长江大学任教,已晋升为教授;黄远就读博士期间就发表SCI论文5篇,留校任教,现已晋升为副教授,主持2项国家自然科学基金项目;汤谧博士在武汉市农业科学研究所工作,获所里第一个国家自然科学基金项目,已晋升为高级农艺师;杨小峰硕士是海南省热带设施农业工程技术研究中心主任,主持科研经费累计达2000万元;赵利强硕士是学校第一个通过天津卫视《非你莫属》节目获得工作机会的学生……学生在工作上取得成绩会与他分享,结婚生子也会向他报喜。谈及学生,别之龙的自豪感溢于言表:"他们毕业以后,我们的关系还在延续。因为研究生培养是一个终生的过程,师生情谊是我们宝贵的财富,学生取得成绩,我觉得比自己取得成绩还要高兴。他们发表论文、获得奖学金,都是值得祝贺的好事情。"在他精心指导下,实验室研究生3人获章文才奖学金,5人获研究生国家奖学金。

别之龙和他的研究团队在华中农业大学这片沃土上,生根发芽,茁壮成长。

孙四权

　　第六届全国优秀科技工作者孙四权，男，籍贯湖北鄂州，1969 年 3 月出生于湖北省鄂州市华容镇。1991 年 6 月毕业于长春地质学院地质矿产勘查专业，本科学历，学士学位。中共党员。现任湖北省地质调查院总工程师。2007 年入选国土资源部科技创新人才工程"青年科技骨干"；2013 年被国土资源部评为全国矿产资源利用现状调查优秀专家，湖北省地质局"优秀学术带头人"；2014 年被中国地质学会授予"第一届野外青年地质贡献奖——金罗盘奖"。

　　主持完成了 15 个矿产勘查项目，其中参与完成的"殷祖岩体、姜桥岩体及周边金成矿地质条件及成矿规律"研究报告（第二作者）被评为湖北省科技进步三等奖；主持完成的《湖北省矿产资源总体规划(2008—2015)》被国土资源部评为优秀成果一等奖；主持实施的"湖北省矿产资源潜力评价"项目，对湖北省铁、铝、铜、铅锌、金等矿种（组）的成矿构造、成矿时代、成矿条件、成矿作用进行了研究，建立了典型矿床成矿模式，梳理了区域成矿规律，提出了重要矿产找矿方向；主持实施的"湖北省矿产资源利用现状调查"项目，对湖北省资源家底进行了一次全面摸底，完成了湖北省 740 个核查矿区成果的评审验收以及磷、铁等 22 个矿种的省级汇总，其中 20 个矿种成果获优秀。先后在《矿物学报》《资源环境与工程》等学术杂志上发表了《湖北省蕲春烈马咀花岗岩锆石 U-Pb 年龄和岩石地球化学特征》《鄂东国有大中型矿山资源危机程度及接替资源潜力》等多篇论文。

❧心语❧

　　牢记"三光荣"传统，秉承"四特别"精神，用地质锤敲醒深山老林中沉睡的万年矿床。

地质锤敲醒沉睡的矿床

——记湖北省地质调查院总工程师、 正高职高级工程师孙四权

　　孙四权长期立足湖北地质一线从事区域及全局地质综合研究工作，取得了一批较有影响的成果，为推进湖北地质研究和矿产勘查事业提速发展做出了突出贡献。

山水为证，无悔青春探矿藏

　　孙四权出生在湖北鄂州一个偏僻的小山庄，从小就目睹并由衷钦佩地质队员们肩背行囊奔走于深山野外的飒爽英姿。那一首"是那山谷的风，吹动了我们

的红旗；是那狂暴的雨，洗刷了我们的帐篷"的《勘探队员之歌》，也在孙四权少年的心灵留下了深深的烙印。

　　1987年一心只想着为祖国寻找矿藏的他，毅然报考了长春地质学院，攻读矿产地质专业。1991年不满23岁的他，以

在西藏安多工作区野外生产(右)

坚定的信念从地质学校的大门跨进勘探者的行列,进入湖北省鄂东南地质大队。该队地处湖北黄石大冶,先后为国家发现并提交了铜绿山铜铁矿、铜山口铜钼矿、鸡冠咀铜金矿、黄金山水泥灰石矿等一大批大型、特大型矿床。但孙四权入职时,正处于地质行业低潮期,许多同事和朋友纷纷转行。面对理想的追求和现实的压力,留下还是离开?看着资料馆一沓沓地质资料、地质图纸和笔记本,看着岩芯库里一根根从矿山深部取出的岩芯,看着大冶地区一座座等待发现和开发的宝藏,他充满着不舍,对大冶这座中国矿冶名城不舍,更对地质行业不舍。夜深人静时,耳边回荡着《勘探队员之歌》,他告诫自己,不要轻言放弃。他不甘心四年寒窗苦读学到的知识白费,决定留下来坚守理想!他坚信,困难是暂时的,地质工作

与团队成员合影(左三)

一定会迎来光明的未来。为了寻找五彩的宝藏,他满怀青春的热忱,沿着前辈们洒满汗水的蜿蜒小路,向着罗盘指引的方向攀登,拎起地质锤一遍遍敲打着鄂东南山区的山岩。

　　地质工作中,有一项基础工作是"跑地质点",是地质调查的基础,是编制地质资料的关键。所有地质点都是靠地质队员一步一步跑出来的。地质点往往分布在高山峡谷之中,地形原始,荆棘遍地,危机四伏,步步惊心。地质工作是项艰苦的工作,而野外线路跑点更为突出。不管项目区的条件多恶劣,孙四权都毫无畏

惧，从不打退堂鼓。他先后承担了大冶铜录山铜铁矿、吴家林金矿、美人尖金矿、姜桥岩体等多个矿区野外地质填图工作。为了按期完成工作，他和队员们长达半年多吃住在深山老林，就地"安营扎寨"。每天早上七点吃完饭就匆匆出发，带上地质锤、罗盘、放大镜、矿样袋等，开始一天艰苦的地质填图和路线踏勘；定方位、拉皮尺、分层、记录、作图，每一道工序都有条不紊地运转，每一个人都手脑不停地忙碌。中午烈日当空，热得让人窒息，肚子饿了，一个冷馒头推来让去，便算一顿"午餐"。直到西边的余晖散尽，才背起样品，踏上归程。如遇雨天，队员们不得不在泥泞的羊肠小道上蠕动，更是苦不堪言，每走一步都要付出艰辛的汗水，每一米高度，都是对攀登者意志的考验。雨水汗水模糊了他上千度近视的镜片，跌倒了爬起来，爬起来又跌倒，再爬起……至今腿上还有当年留下的伤疤。晚上回到驻地，他立即紧张有序地整理资料，遇到问题虚心向前辈请教，不放过任何一个疑点和难点，不将今天的工作留给明天。他常说，光有热情做不好地质工作，没有扎实的地学理论功底，很难真正为地质事业做出贡献。

1999年，中国地质调查局设立了"新一轮国土资源大调查"重大专项，把青藏高原列为重点地区。2000年，湖北省鄂东南地质大队组建第一支参与西部大开发的队伍，孙四权主动请缨奔赴新疆承担"新疆维吾尔自治区玉龙喀什河地区矿产资源评价"项目，一干就是两年。孙四权如是说："新疆地广人稀，我们跑过的线路，也许今后就不会再有人来此工作。所以即使遇上困难，大家总是想方设法克服，尽量减少或不留地质调查空白区，遇到特殊地质现象时也是尽力去追索查明。"为了拿到第一手资料，确保高质量完成任务，孙四权与项目组其他成员一起，冒着随时遭遇融雪洪水的危险，向喀什河腹地发起多轮次强攻。汽车无法行进，他们

野外检查工作(中)

就背起行李和干粮徒步前行,深入人迹罕至的荒郊野外收集资料。有些地方因地形极为险要,危险很大,按理本可以放弃工作,但为了填补地质空白,他们还是咬着牙,以极强的责任心挑战极限,最终完成了任务。

2005年和2008年,孙四权又先后两次被派往柬埔寨及西藏、内蒙古开展各类地质调查评价工作,以平凡的工作创造了非凡的业绩。

钻坚研微,科技创新有成效

地质工作是一项调查研究性质的工作,具有极强的探索性,科学技术在这一领域的地位极为重要,发挥的作用十分明显。孙四权十分注重科技创新,始终坚持"矿产勘查进展推动区内成矿规律研究,科学研究升华区内成矿规律认识"这

柬埔寨格高工区(右一)

一工作原则。在大冶工作期间,提出铜绿山、鸡冠咀真正含矿母岩为晚期闪长玢岩,铜绿山矿田晚期小岩体与接触带联合控矿。在这种新观点指导下,铜绿山铜铁矿、鸡冠咀铜金矿等矿山接替资源勘查取得重大进展。其中,在铜绿山矿区深部-600至-1200米发现了厚大的Ⅺ号矿体,扩大了Ⅰ、Ⅲ、Ⅳ号矿体规模,新发现了Ⅻ号矿体,新增铜资源量25万吨、金10吨、铁矿石1400万吨;在鸡冠咀矿区深部-520到-900米发现了Ⅶ号铜金矿体,同时扩大了Ⅲ、Ⅳ、Ⅵ号矿体规模,新增铜资源量10万吨、金9吨。

2005年10月,孙四权调入湖北省地质调查院,先后担任发展研究中心主任、副总工程师、总工程师。十多年来,为解决全省成矿体系研究与实践、重要成矿区带的成矿规律与资源潜力评价等若干问题,他紧紧围绕湖北境内湘西—鄂西成

矿带(湖北段)、长江中下游成矿带(湖北段)、钦杭成矿带(湖北段)和武当山—桐柏山—大别山成矿带开展地质找矿工作,卓有成效。他先后参加了由中国地质调查局组织的长江中下游成矿带、中国东部铜铁铝资源调查、武当—桐柏—大别成矿带的论证工作,组织完成了湖北境内的各项成果报告;牵头编制了《湖北省找矿突破战略行动实施方案》,在总结前期勘查成果基础上,进一步明确了全省勘查方向,优化了勘查布局,调整了工作部署。他带领团队围绕鄂西成矿带开展了一系列综合研究,突破了该区以往单一的热液成矿的铅锌矿成矿认识,提出鄂西铅锌矿为层控改造成因的新观点,从而改变了鄂西地区铅锌找矿工作中长久以来存在"满天星星,不见月亮"的局面。先后发现并评价了冰洞山、沐浴河、坳子岗、白鸡河、竹林口等十余处大中型铅锌矿床,提交 333+334 铅锌资源量 380 余万吨!与此同时,通过对全国第二大磷矿——宜昌磷矿的成矿规律的研究,提出宜昌磷矿向深部可能与兴(山)神(农架)保(康)磷矿相连的新观点,主持部署了省地质勘查基金第一批磷矿整装勘查项目。短短十年间,使宜昌磷矿的规模资源量几乎翻了一番!另外,在湖北恩施新发现了红椿坝硫铁矿,提交 333+334 资源量近 1 亿吨,矿床潜在经济价值数十亿元。

厚积薄发,硕果累累满枝头

从参加工作那天起,孙四权这个勤劳朴实的农家子弟,就义无反顾地爱上了向往已久的地质工作。无论是在地质工作低潮时期,还是全面加强地质工作的春天,他始终坚持以揭示地质规律、寻找矿产资源为使命,立足地质一线,常年辗转于野外深山,历尽艰辛。但他从没感觉孤独,因为看似孤傲冷漠的大山给了他无穷探索的希望,给了他收获成果的巨大喜悦。

孙四权先后在湖北省鄂东南地质大队、湖北省鄂东北地质大队、湖北省地质调查院等三个地勘单位工作。以其过硬的地质技术水平和踏实肯干的工作态度,赢得了广大领导及同事的好评,逐渐从一名普通的地质队员走上了技术领导岗位。担任湖北省地质调查院总工程师后,他更是全身心地扑在工作上,践行着地质人的"三光荣"传统和"四特别"精神。他带领科研团队,把区域内成矿规律的研究列为重中之重,先后设立了"扬子地块东北缘鄂西地区铅锌矿地质特征、成矿规律及找矿方向研究""鄂东南地区铜铁金成矿条件与成矿预测""鄂东南地区铜金预测标志优化及靶区筛选研究"等研究课题,在认识上取得突破的同时也取得了重大找矿进展。在全省地质综合研究中,他们还创建了"总结经验建立区内找矿模式—运用新的成矿理论和找矿模式指导生产—从生产实践中汲取经验完善找矿模式反过来更好地指导找矿"这一完整的科研循环系统。由此,湖北省地调院不但在省内传统的优势矿种的找矿工作中取得一系列找矿突破,还通过矿产远景调查在鄂南地区新发现了云英岩型钨矿,颠覆了以往区内仅有石英脉型钨矿的认识;在鄂北发现了一大批斑岩型铜钼矿的找矿线索,突破了过去区内仅有受断裂构造控制的小规模钼矿的观点。提交了大量潜力巨大的找矿靶区,拓展了找矿空间,为湖北省的找矿工作开辟了新天地。

孙四权及其团队先后获得国家、省科技成果奖及地勘成果奖 40 余项("湖北武当–神农架地区铅锌矿评价"获国土资源部优秀地质找矿项目一等奖),其中 2 项找矿成果被中国地质调查局列为"全国十大地质找矿成果",新发现矿产地 30 余处,其中中型以上规模矿产地 10 余处。他们围绕湖北省重要成矿区带的基础地质、成矿规律与预测、成矿地质条件及找矿方向、找矿技术方法等领域开展的研究工作,具有较高的学术研究价值和实用价值。尤其是武当—桐柏—大别成矿带基础地质研究、在长江中下游成矿带深部找矿方法研究等方面所取得

2013 年 11 月 7 日"湖北省矿产资源潜力评价成果管理应用系统研究"实施方案审查论证会议(左三)

的成果,在国内甚至在国际上均处于领先地位。湖北省地质调查院先后被国土资源部评为全国地质勘查行业先进集体、全国模范地勘单位和青藏高原地质理论创新与找矿重大突破先进单位;被湖北省国土资源厅评为地质找矿先进单位和国有地勘单位找矿能力评估 AAA 级单位;被湖北省安委会评为安全生产先进单位;被湖北省质量协会评为质量管理小组活动优秀单位;被湖北省总工会授予五一劳动奖状等荣誉称号。

无私奉献,言传身教有大爱

爱心的力量是无穷的。一个人有了对工作的爱,对事业的爱,对社会和家庭的爱,必然浑身充满力量,必然事业有成。孙四权就是一个具有博大胸怀充满爱心的人。

他热爱自己的专业,在遇到困难和挫折时从没动摇过。为干好一件事,他孜孜不倦,达到忘我的境界,不达目的不罢休。由于长期在野外工作,吃住没有规律,慢性胃病成为伴随他的"职业病"。他在主持实施"湖北省矿产资源潜力评价"和"湖北省矿产资源利用现状调查"两个摸家底工程时,正值急性胃溃疡发作,需要住院观察治疗。但他深知,这两个项目是与湖北地质事业可持续发展紧密联系的浩瀚工程,意义重大,并且时间紧,难度大,作为项目主持人必须把握全盘。他没住一天院,每天晚上抽空到医院打吊针,随身携带药品,疼痛实在难忍时就服止痛药。一直坚持到成果交付评审。

他爱所有的职工和同事。他认为:"人才是地质事业持续发展的动力,是单位最宝贵的资产。"他注重以身作则,言传身教,热衷于"传帮带"身边的年轻技术人员,要求他们在工作中勤看、勤跑、勤记、勤问、勤思考。在他的指导帮助下,一批批年轻职工迅速脱颖而出,快速成长为单位技术骨干,昔日青涩的学生郎摇身变成业务技术精湛、独当一面的项目负责人。地调院发展研究中心陈觅就是其中典型代表,入职四年即被破格提拔为副总工程师,目前正师从中国地质大学(武汉)博导李建威教授就读博士后。

悠悠找矿梦,拳拳地质情。孙四权——这位立足地质一线的普通地质科技工作者,为矿而生,为矿而痴;为矿而忧,为矿而喜。在新起点上,他又迎着山谷的风、狂暴的雨,满怀火焰般的热情,用地质锤一下一下敲醒沉睡的矿床,为祖国寻找丰富的宝藏。

李清

　　第六届全国优秀科技工作者李清,男,湖北天门人,1963年10月16日出生。2008年1月21日毕业于华中农业大学水产养殖专业。中共党员。1986年10月至今,在武汉市水产科学研究所工作。曾任武汉市水产科学研究所副所长。现任武汉市水产科学研究所总支委员、长江特色鱼类研究室主任,武汉市农科院属企业——武汉先锋水产科技有限公司总经理,农业推广硕士,正高职高级工程师。

　　第六届全国优秀科技工作者,湖北省突出贡献中青年专家,湖北水产发展突出贡献科技工作者,第四届武汉市优秀科技工作者,武汉市"黄鹤英才计划"专家,武汉市政府专项津贴专家。

　　长期致力于长江名优鱼类研究与开发。创建了四个国家级平台:"湖北省武汉鲌鱼遗传育种中心""全国现代渔业种业示范场""湖北武汉鲌鱼良种场""农业部水产健康养殖示范场"。成立了"武汉市黑尾近红鲌科技产业化示范基地""武汉市鲌鱼育种工程技术研究中心""长江特色鱼类研究室"以及科技成果转化平台"武汉先锋水产科技有限公司"。

　　主持和参与部、省、市级等课题20余项,在黑尾近红鲌、中华倒刺鲃、华鲮等长江名优鱼类研究方面取得多项研究成果。其中,在鲌类研究方面,审定国家水产新品种1个,获湖北省科技成果推广一等奖1项,获武汉市科技进步一等奖1项、三等奖2项,获武汉市地方标准一等奖1项,申报专利1项;参编专著2部,发表科技论文10余篇。同时着力于科技成果转化,研究的新品种、新技术创造了良好的社会经济和生态效益。

名为民,利予力。

　　释义——荣誉源于农民,服务于农民。把科研成果红利给予为水产事业发展做出贡献的人们。

"鲌乐"情 中国心

——记武汉市水产科学研究所正高职高级工程师李清

　　李清,1963 年出生在湖北天门一个农民家庭。1982 年考入湖北省水产学校,由于成绩优异,两年后留校任教。1986 年调到武汉市水产科学研究所工作至今。从事过科研工作、产品开发、科技管理,担任过研究所办公室主任,2001 年被任命为副所长。

　　正是这一任命,开启了他带领一班人潜心科研、创新创业的序幕。

"先锋"硕果献社会

　　20 世纪末 21 世纪初,中国在解决了"吃鱼难"的问题后,出现了渔民增产不增收的问题,科研院所的科研和产业"两张皮"的问题,职称科研、论文科研大行其道的问题,科技人员的收入难以提高的问题,等等。为了解决这些问题,武汉市农科院决定从水产所开始启动科研体制改革,鼓励科技人员创建公司,把科研和市场结合起来。院党委书记、院长和分管院长多次找李清谈心,希望他带头创建学科型公司。

　　经过深思熟虑之后,2002 年,李清决定率领四名科技人员出资创办先锋公司,长江特色鱼类研究室也随之宣告成立。

　　公司成立那天,水产所像过节一样,全体院党、政领导都参加了先锋公司成立庆典。这对先锋人是一个莫大的鼓舞! 李清憧憬着未来,欣然赋诗一首:

> 蹩足小天地,妙手大文章;
>
> 煮酒论英雄,风流吾朋党。

　　李清深知,公司和学科要有竞争力和社会影响力,必须要有原创的科技成果和产品,而长江是鱼类资源的宝库,长江土著鱼类的驯养、开发是解决这一问题的最佳途径。于是他找到中科院水生所鱼类学研究室,由曹文宣院士带领的研究团队正巧收集、养殖了一批黑尾鲌(学名黑尾近红鲌)等长江野生品种,于是将其引进了先锋公司。

经过4年的驯化、繁殖、养殖研究及亲本选育,科技人员发现黑尾鲌的性状与野生状态相比发生了很大变化。野生状态下黑尾鲌商品规格普遍在2～4两,有些1两就性成熟了;而池塘养殖条件下,不仅生长快,二冬龄就能长到1斤以上,并且饲料最适蛋白只需32%～33%,其他鲌鱼则需42%左右。因此,黑尾鲌养殖大大地降低了养殖成本,几乎只有其他鲌鱼养殖成本的一半,农民的养殖经济效益可大幅提升。这一结论在全省的中试养殖中得到了验证,因此黑尾鲌迅速在全省推广开来,并辐射至全国十多个省、市、自治区。

在全国的推广养殖过程中喜讯不断传来,李清为黑尾鲌总结了八大养殖优势:养殖效益高、生长速度快、抗病力强、食性杂、耐低氧、宜活鱼运输、易养殖、易垂钓。成果获得了社会的认可,李清喜上眉梢。

黑尾鲌,一个被水生所专家列为"三级急切保护动物"的长江特有鱼类,经过李清团队的攻关,在人工养殖条件下不仅形成了庞大的种群数量,而且成为全国养殖的新品种。这从客观上避免了人们对它的酷捕滥渔,保护了这一品种的长江野生资源,也保护了生态的平衡。

研发选育8年后,从2009年起,湖北省水产局连续5年把黑尾鲌及其养殖技术列为全省主推品种及技术。武汉市农业局更是连年拿出专项经费支持这一品种在全市推广。

功夫不负有心人。经过专家评议,黑尾鲌规模化高效益养殖技术研究与应用获得2012年武汉市科技进步一等奖,2013年获得湖北省科技成果推广一等奖,黑尾鲌养殖技术标准获得武汉市标准一等奖。同一个品种连获三个一等奖,在武汉市绝

2010年仙桃市科技活动周启动仪式上技术指导

无仅有。

作为一个科技工作者，李清时刻告诫自己要保持创新意识。在黑尾鲌养殖和推广初见成效的时候，他发现黑尾鲌在长至 1.5 斤以后，生长就相当慢了，而全国许多地方都有消费大鲌鱼的习惯，并且规格越大，价格越高。于是李清在 2009 年开始了杂交育种工作，他选择将黑尾鲌和湖北本地的一个鲌鱼品种进行远缘杂交。品种选育是费时、费钱且风险极大的工作，当时他们也没有申请国家专项资金支持，他和几位原始股东商榷后毅然将黑尾鲌销售利润的绝大部分投了进去。

在中科院水生所的鱼类育种专家，时任水生所研究员、现任中科院院士桂建芳先生的指导下，杂交育种工作取得了空前成功。杂交种不仅遗传了双亲的优良养殖性状，生长速度比双亲更快，而且解决了黑尾鲌"长不大"的问题；同时还发现利用蛋白含量 33% 的饲料养出的杂交鲌比用蛋白含量 42% 的饲料养出的翘嘴鲌肌肉蛋白含量更高。

2014 年，杂交新品种被国家水产原良种委员会定名为杂交鲌"先锋 1 号"，通过审定并获得了《新品种证书》。这是武汉市的第一个国审水产新品种。

消息传来，先锋公司沸腾了。李清心潮澎湃，每逢"佳节"必有诗，欣然创作了《侏儒吟》：

> 执着练内功，创新纳百川；
>
> 神气巨人肩，侏儒亦伟岸。

2013 年黑尾鲌被农业部列入国家渔业主导品种，2014 年杂交鲌"先锋 1 号"被列入国家渔业主推品种，2015 年被列入国家渔业主导品种。

玉宇琼楼立"种都"

根据武汉市政建设的规划，先锋公司成立不久，水产所即面临着搬迁。为了学科和公司的长远发展，经过一年多的考察，李清毅然决定把繁殖、养殖基地搬到市郊的江夏区郑店，该基地依山傍水，可利用水库的自然落差，全自流地开展繁殖、养殖工作。

在武汉市农科院党委的支持和鼓励下，李清决定建设一个绿色、环保、实用、高效的研发基地，并于 2004 年开始申报建设国家级良种场。由于工作基础差，竞争激烈等原因，项目申报异常艰难，连续三年申报都没成功。2007 年，李清带着多次精心修改的项目申报书，又一次踏进了农业部的大门，开始了良种场建设项目的第四个申报年。

当时,郑店基地的建设已经启动,鲌鱼的研究获得了武汉市科技进步奖,推广工作也获得成效,农业部渔业局和全国水产技术推广总站的领导、专家也应邀在省水产局领导的陪同下进行了现场考察。

也许是水到渠成,也许是李清的执着感动了专家、领导,2007年10月,农业部立项批准建立"湖北武汉鲌鱼良种"。项目下达后,水产所成立了专班抓基地建设,这一举措极大地推动了繁育基地的建设进度。两年后,良种场建设如期完成,并获得湖北省优良工程证书。

良种场促进了研发工作,研发工作又带动了平台建设。2014年,先锋公司以全省第一的名次进入了首批全国现代渔业种业示范场;2015年又被农业部批准建设国家级湖北武汉鲌鱼遗传育种中心。该中心集育、繁、推一体化,项目总投资近2000万元,遗传育种中心的建设将确立武汉鲌鱼研发在全国的领先地位,也将促进武汉作为全国"种都"的建设。

李清立志率领先锋公司成为全国现代渔业种业的先锋,并将先锋公司打造成为鱼类新品种的摇篮。

精雕细琢育人才

笨鸟先飞。李清经常用这句话来激励自己和身边的人。

受基础学历的影响,李清一直认为自己是水产专业中的一只"笨鸟"。抱着对水产事业的一腔热情和执着,他在工作之余努力寻找能够促进自身快速成长的学习平台,他先后于2000年和2008年两次进入华中农业大学学习,获得大专毕业证书和农业推广硕士学位。

科研工作、成果推广、基地建设、企业管理,一边是繁重的工作,另一边则是对自身不断学习晋升的严格要求,李清将全部精力都投入到了工作和学习中。大多数人都是每天8小时工作制,而李清的工作学习时间很特殊,全天分为三大板块——上午、下午和晚上。

这种精神也时刻感染着他的同事们。

陈见,硕士,学科副主任,从事分子育种工作。一次在基地骑着自行车仍在想实验的事情,一不留神掉进了池塘。

祝东梅,博士。为了弥补工作进度,她生完小孩后干脆把家搬到实验基地。

王贵英,学科副主任,高级工程师,李清的妻子。她总是以身作则,在工作和生活中分担着李清的职责,从无怨言。

其实，李清身边的每位同事都有自己的看家本领，李清让他们发挥得淋漓尽致。他经常对同事们说，也许我们这辈子永远也成不了科研的大家，但我们要学习曹文宣院士、桂建芳院士等大家的风范，学习他们敬业、恒研的精神。

李清对自己、对团队的要求极为严苛。在宏观上，他要求同事们紧盯科研前沿动态，及时交流；在微观上，他要求每一篇科研材料的每一个词、字乃至标点符号都不容许出现瑕疵。

但也有意外的时候。一次，一个项目验收，李清决定锻炼年轻人，让他们负责完成验收材料并汇报。由于他和几个业务骨干或出差或忙于其他事务，没有对材料进行审核，结果验收会上受到专家的批评。这件事深深地刺痛了他的心，深感汗颜。他迅速在学科内完善了项目材料、对外交流材料和培训资料的审查机制，绝不再让"次品"材料出炉。正是在这种严格的要求下，李清及其团队的各种材料经常被作为其他单位的范本。

大地飞歌谱新曲

两个鲌鱼品种在湖北的推广还是比较顺利的。早期，李清走遍了湖北的主要鱼产区，广泛开展技术讲座和培训，带领研发团队深入池边、塘头进行技术服务。后来，武汉市和湖北省下达文件将两个鲌鱼品种分别列入主推技术和主推品种，省、市水产技术推广中心主动支持，各市、县都有专人负责这两个品种的推广工作。

多年来，这两个品种在湖北养殖的效益都比较稳定。池塘主养亩纯利润4000～6000元，有的高达8000元。在水库高密度精养中，荆门养殖户李斌创造了1300亩水面，年获毛利500余万元的好收成。

但在省外的推广就没有这么幸运了。由于当时农业部还没下文推广，李清当时拖着病体，带着技术资料和PPT去寻找机会。由于养殖户对新品种不了解、怕冒风险、信任危机等因素，推广工作进度缓慢。

李清清楚地记得，2009年他去安徽推广黑尾鲌时，省推广站的站长接待了他。交谈中，站长告诉他，现在各种产品推广宣传铺天盖地、鱼龙混杂，下面市、县懂业务的领导不容易接受新品种，建议他到望江县去看看。站长说那个县水产局从乡镇调来了一位郝局长，这位局长虽不懂水产，但思想解放，肯接受新事物。

到望江后，郝局长热情接待了李清一行，并把他们介绍给一个倒闭了的河蟹良种场。该场拥有200多亩池塘，但职工已大部分解散。良种场负责人听了李清的来意，同意少量引种试试。没想到养殖非常成功，通过半年养殖，年底销售大规格鱼种，每亩获纯利近 5000 元。从此一发不可收拾，该场每年从先锋公司购苗，把业务做到了安徽全省。近几年，又开始了黑尾鲌的繁殖、养殖业务，2014 年一口 10 亩的池塘进行鱼种养殖，利润竟达 30 万元。2015 年该场同先锋公司签订了战略合作协议。

与养殖户交流(右一)

李清带出了以刘英武工程师为骨干的营销团队，将这两个鲌鱼品种推广到全国近 20 个省、市、自治区，创造了良好的社会经济效益。先锋公司基地经常门庭若市，购买鱼种、学习参观的人员络绎不绝。李清和他的团队也经常应邀到全国各地去进行技术讲座和指导。

由于鲌鱼推广的成功，李清收获了一个"鲌父"的美名。在丰收的鱼池边，科技人员用相机记录下了渔民的笑颜，李清把它命名为《鲌乐》。望着渔民丰收的喜悦，李清激动地写下了《鲌乐情》：

古传伯乐识骏马，今有"鲌乐"寄深情。

我愿渔夫绽笑颜，"先锋"科技中国心。

扬鞭策马奔前程

进入 2015 年，李清深感肩头的担子越来越重。

这一年，是武汉市"黄鹤英才计划"项目下达的第二年，他是该计划的入选专家，也是该项目的主持人，要在这个项目中完成另一杂交新品种"先锋 2 号"的选育。由于"先锋 1 号"选育的成功和科研平台的完善，武汉市在这个项目中对李清的团队投入了 200 万元的新品种研发经费。面对纳税人的钱，他心里沉甸甸的。虽然新品种选育工作进展顺利，试验产品已初步达到设计要求，试验养殖效果良好，但要通过国家新品种审定还有很多基础性工作要做。

这一年,农业部湖北武汉鲌鱼遗传育种中心立项,李清负责项目的技术性工作,在边生产边建设的情况下,要用2年的时间高标准完成建设工作,难度可想而知。

这一年,"黑尾近红鲌苗种产业提升关键技术研究与示范"列入了国家科技支撑计划。李清要高质量地完成这一项目。

这一年,李清的团队和水产所均应邀加入了农业部支持、中国水产科学研究院牵头成立的国家渔业科技创新联盟。他们决心在这一联盟中有所作为。

这一年,李清要以几个国家平台为依托,为武汉水产"种都"建设做贡献;他想利用"互联网+水产种业"提升水产种业的现代化水平;利用鲌鱼抗病能力强、宜活鱼运输的特点在湖北与其他公司合作,面向全国市场建立有机鲌鱼商品鱼基地,让鲜活的鲌鱼"游"向市民的餐桌。

这一年,李清和同事们立下誓言,绝不辜负社会各界的希望,再用3～5年的时间把先锋公司打造成湖北乃至全国的淡水渔业种业的龙头企业,改变鲌鱼在全国可以忽略不计的小品种地位;完善多项研发工作,力争获得一项国家科技进步奖。

对于一个地方研究所来说,这是一个宏伟的蓝图,但李清相信他的团队有信心、有能力完成这一计划,因为这个团队总是一步一个脚印,一年一级台阶,稳健地迈向心中的目标。

诗路花雨中国心

一分耕耘,一分收获。随着科研工作的深入,李清先后获得了很多荣誉,被授予2011年"武汉市政府专项津贴专家"、2012年湖北省水产局"湖北水产发展突出贡献科技工作者"、2013年"湖北省突出贡献中青年专家"、2013年"第四届武汉市优秀科技工作者"等荣誉称号,并于2014年入选成为武汉"黄鹤英才计划"专家,同年被中国科协授予"全国优秀科技工作者"。

面对鲜花和掌声,李清在笔记本扉页上写下了他的座右铭:名为民,利予力。他要用人民给予的荣誉服务于人民,他要把创新创造的成果给予为水产事业发展做出贡献的人们,让社会共享"先锋"成果。

长江特色鱼类学科和先锋公司成长壮大后将承担起更大更重的社会责任。李清决意把先锋公司的宗旨烙印在每一个人的心目中:

何寄报国情怀,时势造就"先锋";

恒研水产科技,服务中国"三农"!

❖个人简介❖

　　第六届全国优秀科技工作者李建林，男，湖北咸宁人，1961年6月出生于湖北咸宁。1996年毕业于重庆建筑大学岩土工程专业，工学博士。中共党员。从1985年起任教三峡大学，教授（二级），三峡大学党委书记，武汉大学、河海大学、三峡大学博士研究生导师。国务院政府特殊津贴专家，第六届全国优秀科技工作者，国务院学位委员会第七届学科评议组（水利工程组）成员，湖北省有突出贡献的中青年专家，湖北省"111人才工程"人员，湖北省优秀教师。现兼任中国水利教育协会第四届理事会副会长，湖北省重点学科"土木工程"负责人，三峡库区地质灾害教育部重点实验室（三峡大学）主任，国际岩石力学学会委员，国际地质与环境协会会员，中国岩石力学与工程学会常务理事，中国大坝工程学会常务理事，湖北省地质学会、岩石力学与工程学会、水利学会等学会副理事长，《岩石力学与工程学报》《岩土力学学报》《地下空间学报》编委，国家自然科学基金委员会水利学科评审专家，湖北省科技奖评审委员会评委。

　　科研方向为岩土力学基本理论及应用。创立了系统的卸荷岩体力学理论体系，创建了卸荷岩体变形稳定分析技术体系，揭示了工程岩体卸荷变形机理，建立了卸荷岩体加固理论、方法。近年来，研究成果获国家科技进步二等奖1项、湖北省科技进步特等奖2项、湖北省科技进步一等奖3项、水力发电科学技术奖一等奖1项、中国岩石力学与工程学会一等奖3项。研究成果已在三峡、南水北调中线干线、小湾、隔河岩、水布垭等30余个国家重大水电工程中进行了成功应用，解决了工程中存在的关键科学问题与技术难题。公开出版专著6部，在《岩石力学与工程学报》《岩土工程学报》《中国科学》《水利学报》《岩土力学》等核心刊物上发表学术论文200余篇。指导12名博士研究生和50余名硕士研究生。

❖心语❖

　　以校训"求索"激励自己，志存高远，追求卓越，勇攀科学技术高峰。

卅年水电求索路

——记三峡大学党委书记、教授李建林

2015 年三峡大学的教师节表彰会上，李建林教授的名字出现在"从教三十年"教师名单上。尽管在三峡大学师生心目中他依然年轻，但他头上的微霜已留下岁月的痕迹。自 1985 年踏上三峡这片水电热土，他就决定要把自己最美好的青春奉献给他所热爱的水电教学科研事业，献给三峡大学。似乎就在挥手一瞬间，30 个春秋已倏然走过，令他欣慰的是付出终有回报。

立志水电奔三峡

李建林为水电事业潜心工作 30 年，然而他与水电的结缘却显得有些"偶然"。

1978 年，全国刚刚恢复高考，"高考，上大学！"几乎成为所有年轻人的梦想，身为应届高中毕业生的李建林自不例外。17 岁，他如愿收到了武汉水利电力学院（原武汉水利电力大学，今武汉大学）的录取通知书，尽管刚接到通知书时让他有些"蒙"——原先填报的化学专业不知为何变成了水电工程施工专业，但他依然为能够上大学而欣喜万分。

水电工程施工专业究竟是干什么的呢？自幼在农村长大的李建林对大学生活一无所知。不过，从父亲口中听来"与修葛洲坝相关"的消息让他兴奋不已。他如饥似渴地找来有关葛洲坝的报纸杂志，"三峡"第一次进入了他的眼帘。

1981 年 1 月 4 日，万里长江第一坝——葛洲坝水利枢纽工程大江截流工程胜利合龙。而就在那一天，李建林作为一名大学实习生目睹了那雄伟壮丽的一刻。一直习惯于在书本上学习理论知识的李建林，突然看到现代科技创造出来的巨大奇迹，被深深地折服了。原来自己正在学习的水电工程施工专业可以成就如此宏伟瑰丽的事业——不仅造福人类，同时也是在向大自然挑战！自豪感油然而

生。从此，大坝的身影便在他脑海中扎了根、发了芽。

他发奋学习，为将来做一个水电人做着知识储备。尽管他的专业课成绩科科优秀，但他还是觉得学得不够。于是本科毕业后，他选择在中国水利水电科学院攻读硕士学位。就在此间，中国乃至世界水电行业的世纪工程——三峡工程进入紧张的论证阶段。而对于水电工作者来讲，长江三峡是一个极具诱惑力的信号。

1985 年，硕士毕业的李建林面临着众多选择：可以和大多数同学一样留在北京工作，风光且前程远大；可以任职于武汉某所知名高校，受人羡慕；也可以出国留学攻读博士学位，成为金光闪闪的海归……然而他的最终选择是来到位于湖北宜昌的葛洲坝水电工程学院(三峡大学前身之一)任教。这是在 1978 年组建的一所新学校，无论是从教学条件还是发展前途来看，似乎都不是最佳选项。然而在李建林看来，这里离葛洲坝只有 5 公里，离三峡工程所在地只有 30 公里，最能感受到中国水电心脏脉搏的跳动，最能实现他投身水电事业的理想。这，就是他选择的最好理由。

卸荷岩体开新花

李建林的到来，让校领导喜出望外。他们没想到，偏居于中西部一隅的葛洲坝水电工程学院，竟然会吸引北京的高材生来这里落脚！他们更没想到，就是这个年轻“伢”在若干年后成为了卸荷岩体力学理论体系的主要创立者、国家科技进步二等奖的获得者。为什么能取得这样优异的成绩？李建林给出了两个关键词：创新、坚持。

20 世纪 80 年代，中国处在改革开放初期，百废待兴。说到科研，根本谈不上有什么好的条件。但李建林依然执着，在科研工作上从不敢有丝毫的懈怠。

世界上的大型水电工程为数繁

与研究团队成员交流(前中)

多，而三峡工程是施工难度最大的水利工程。李建林敏锐地意识到，三峡工程一旦开工，各种各样的现实问题就会摆在面前，譬如滑坡、开挖边坡、对水流的控制、大坝的稳定性、大坝蓄水后坝体的承受能力，以及建成以后的泄洪对下游所造成的影响等。于是在众多亟待解决的重大工程技术难题中，他选择了最感兴趣的问题——边坡治理。

边坡问题是修建水电工程普遍会遭遇到的。以往在处理工程边坡问题时，分析计算所得出的结果和实际情况存在差异。

李建林蓦然想到，如果能针对不同的工程岩体、不同的地理环境、不同的地质条件以及不同的工程现场进行现场解决，具体问题具体分析，是不是更加科学也更加切合实际？

修建水电工程而出现的边坡问题千差万别，如果要做到具体问题具体分析、具体解决，就不仅要求科研人员深入不同的工程现场，得到第一手资料和数据，更要不辞辛劳，有足够的耐心去进行一次次的试验。

于是频繁往返于学校与工地间便成为李建林生活的新常态：不是在课堂，便是奔波在工地上反复进行试验。没有好仪器就亲自动手设计，甚至以往那些被视为最古老的"土办法"，他也用来研究最新问题。尽管科研条件十分简陋，人员严重不足，往返奔波十分辛苦，但他的试验从未因此而停顿。

试验起初并不顺利，十次试验中就有七八次不成功，但失败并没有将李建林打倒。虽然有过暂时的失望，有过放弃的念头，甚至在夜深人静时开始怀疑起自己的研究方向，但他很快就调整了心态，认真分析并寻找试验的不足之处，更加坚定了自己的意志。就是在这一次次的失败之中，他终将梦想变成了现实。

事实证明，李建林和他的课题组所进行的"开挖卸荷条件下边坡变形稳定问题"的研究，不仅仅是一项重大的突破，同时也为探索岩石力学的新领域、解决边坡的稳定问题提供了新的思路。特别是三峡工程开工后所出现的边坡问题，正是在他们提出的方案指导下得到了及时解决。课题组的科研成果"岩体开挖力学效应及锚固工程质量检测新技术"荣获 2007 年度国家科学技术进步二等奖。

这一成果从理论迈向工程实践的全面成功，李建林足足走了 17 个年头，这为他后续研究打下了坚实的基础。他先后主持国家自然科学基金项目、国家"七五""八五""九五""十一五"科技攻关项目、国家电力公司重大项目、教育部重点项目、水利部创新基金项目、湖北省自然科学创新群体项目、973 计划前期研究专项、水利部公益性行业科研专项、中国长江三峡工程开发总公司（今中国长江三峡集团公司）项目、湖北省科学技术厅创新平台专项以及其他水电单位委托项目等 60 余项,涉及三峡、水布垭、隔河岩、锦屏、二滩、观音岩、白鹤滩、黄龙滩、里底、茨哈峡、深溪沟、鲁地拉、大岗山、金川、楞古、牙根、小湾、江坪河、三里坪、如美、丹巴、两河口、南水北调等国内的重点水利水电工程。

百舸争流千帆竞

"一个人的能力是有限的,一个团队却可以做很多事。事实上每一项科研成果都不是一个人的荣誉。每一项工作成果背后,都有一群人、一个团队,有的甚至是几代人!"这正是李建林教授多年从事科研工作的深切体会。

2000 年,李建林教授以自己的研究生、学校相同研究方向的教师为基础,组建了自己的研究团队。团队逐渐发展壮大,现已拥有 12 名教师及 20 余名博(硕)士研究生。他十分注重研究团队的建设,从团队的年龄结构、学科构成、研究方向到研究课题等,统筹规划,费尽心血。他鼓励学科交叉,引导团队成员拓展各自的研究方向,包容大家之短,发挥各自所长,共同为团队的健康发展凝心聚力。在团队成员的心目中,李建林就是不可或缺、值得信赖的舵手。

李建林也十分注意听取团队成员的意见,不管工作多繁忙,定期或不定期,他总要把团队召集起来了解大家的工作进展和存在的问题,群策群力解决问题。当场解决不了的问题,会后他一定会想好办法再与团队成员商议。

野外科考(右二)

"他的记忆力太好了,新来的同事或研究生只见过一次他都能喊出名字,甚至来自哪里都记住了。有时交流会上提到某个不起眼的小问题,下次会上他追问进展,可连提出问题的人自己都忘了这回事儿!"王瑞红老师回忆说。

"他大度且包容,要求团队里面谈问题对事不对人,不能因为某件事而对某个人有误解,而是要相互理解、相互帮助!"他要求团队的项目只能保质保量地提前完成,绝不能向后拖延;他从不承担本团队研究范围以外的项目课题,而是积极主动为学校其他相关研究团队牵线搭桥;即便已有那么多帮手,许多科研工作他仍然坚持亲力亲为。金沙江、大渡河畔都留下了他坚实的脚印,面对滔滔江水,他和大家一起匍匐爬过悬崖峭壁。尽管自己是团队的负责人,但在团队研究经费的使用上没有丝毫特殊,即便是自己合理应得的劳务费,他也很少留给自己,大多是发给了团队成员和学生。

桃李不言,下自成蹊。李建林的一言一行深深感染着团队,也激励着团队。近年来,团队老师先后主持了40多项国家级和省部级科研项目,参与了三峡、小湾、大岗山、南水北调等40多个大中型水电站的建设,取得了丰硕的研究成果,创造了巨大的经济社会效益。在科研实践的锻炼当中,这些年轻的老师不断积累经验,开拓思维,提升水平。如今,他们当中累计已有26人次获得国家级、省部级科技奖励,7人入选三峡大学"151"人才工程,邓华锋和刘杰两位老师还入选学校"青年拔尖人才"。

讲台立德吐芬芳

尽管学校党政管理工作繁忙,但李建林仍然深深地眷恋着三尺讲台,身体力行地为研究生乃至本科生授课。"如果不是给我安排着管理工作,我一定能当一个一线的好教师。我有这个自信!"李建林肯定地说。

这份自信源自于他扎实的教学功底。曾几何时,他将一本本教材熟记于心、倒背如流,教学效果深受学生好评。即便是现在,他给本科生上课的教室里也从不见点名查勤的繁琐,"满堂"仍是一种自然的常态。而他编写的教材《边坡工程》也早已走进多所大学的课堂。

相对于本科生,李建林的研究生们则与其有着更近的接触。在他们眼里,李老师朴实无华、平易近人、谦逊低调,师生们在一起时氛围融洽、有说有笑,甚至有的学生还和李老师开起玩笑。他严谨中不失宽容,严格中不失随和,以高尚的人格魅力赢得了学生的信赖和爱戴。

"带研究生就是要教会他们做人、做事、做学问!"在李建林看来,相对于传授研究生知识和方法,他更注重研究生品德修养的提升。他说,做事、做学问首先要学做人。好的品德修养才能让学生更早更深地领悟学术真谛,反之,难有学术之大成。

回顾走过的路,李建林时常怀念起自己的硕士研究生导师赵培育、博士研究生导师哈秋舲、朱可善三位老先生。"赵培育老师领我走上研究之道,哈秋舲、朱可善老师让我窥到成功之门。让我终身受益的是他们的学者风范。也正是看到他们,我还在求学时就有了有朝一日自己也站上讲台的愿望。"

也正是比照着老师们的君子风范,他要求自己的研究生"做人"要诚实守信、求真务实、谦虚谨慎;"做事"要踏实认真、不走捷径;"做学问"要端正学风、甘于寂

寞、恪守学术诚信、遵守学术
规范。正是在这样的严格要求
下，他指导的 12 名博士研究
生和 50 余名硕士研究生中，
有 12 人次先后获省部级及全
国学术大会优秀论文奖，2 人
分别获得了张光斗和潘家铮
奖学金，一大批毕业生已成为
了水电行业多个单位的骨干。

与学生合影

学高为师，身正为范。要求学生做到的，李建林总是率先垂范。

"李老师有个习惯：工作再忙，不论尊卑，没来得及回复的电话和短信，他一定会赶在第一时间回复；无论老幼，通话结束他从来都不先挂电话！"作为李建林的首名硕士研究生，王乐华博士对老师的一言一行更是铭记于心，清晰地记得老师"多向前看，不要向'钱'看"的箴言。正是遵循着老师的教导，2014 年他已晋升为教授。2015 年，团队中的年轻博士邓华锋、王瑞红获校聘教授。

而 2006 届硕士毕业生、现已担任南水北调中线建设管理局科研处处长的温世亿还对第一次与李建林打电话的情形记忆犹新："第一次给李老师打电话，希望李老师给个面试机会做我的指导老师。当我心情忐忑地介绍完自己的情况，李老师说做他的学生就要能吃苦，要做好吃苦的准备，若有混文凭毕业的想法，那就别找他……"他说，正是受李老师的影响，秉持低调做人、高调做事的原则，兢兢业业地工作，他才很快成为了单位的业务技术骨干，得到领导的认可和兄弟单位的好评，才有了今天的成绩。

更让温世亿感激于心的是李老师的大力资助。他是工作后再读研究生的，当时已有了自己的小家，面对收入的锐减，常常面临生活的窘迫，却也不好向父母伸手。令他没有想到的是，李老师在得知情况后，常常私下帮他解决生活的困难。可温世亿不知道的是，李建林老师资助的学生并不只是他一个，只是为了维护学生们的自尊，从未声张。

梦在前方追不停

从 1993 年开始，李建林由一名普通学者到肩负行政管理职务的领导，先后担任葛洲坝水电工程学院科研处副处长、管理工程系主任、管理学院院长、三峡大学校长助理、副校长，2007年成为三峡大学党委副书记、校长，2011年起担任三峡大学党委书记。

一边是学者，一边是管理者，这其中是否存在着不可调和的矛盾？对此，李建林坦言："矛盾确实有，但并非不可调和。"而调和这种矛盾，也并不轻松。

2000年，在李建林印象中最繁忙。这一年，也是他即将走上三峡大学校级领导职务之时。一边是国家"八五"项目攻关的关键时刻，一边是行政管理工作的重担。两边的工作，都需要李建林同时付出大量的心血和时间。那段时间，他恨不能一天当成两天用，就连一个星期睡一次好觉都成了一种奢侈和梦想。也就在那一年，李建林的孩子正好进入高中关键阶段，青春期成长教育和学习上的烦恼，他都帮不上忙，全是爱人赵洪老师一个人在辛勤操劳。对妻子和孩子，他深感歉疚。

天道酬勤。正是由于他的坚持和不放弃，科研花开结出累累硕果。1996年，李建林获国务院政府特殊津贴，被国家电力部确定为跨世纪学科带头人。1997年，获湖北省有突出贡献的中青年专家称号。1998年，获湖北省优秀教师称号，湖北省学科带头人。1999年，入选湖北省"111人才工程"。2002年，获湖北省新世纪高层次人才第二层次人才称号。

成绩和荣誉纷至沓来，李建林却无心停步欣赏。"趁年轻要多做点事！"这是他时常教给学生的，也是勉励自己的。随着年龄的增长，他愈感时间紧迫，抢时间是最大的难题。白天没时间去实验室就晚上去，团队老师来办公室找不到人就提前约好时间，学生请教找不到机会就把QQ、微信等新方法用上，平时抽不出时间去工地就把寒暑假和节假日的时间都用上……

坚持便会有收获。2012年，李建林获批973计划前期研究专项"大型水电工程库岸边坡致灾机理及稳定评价理论研究"；2013年，获批水利部公益性行业科研专项"岸坡安全生命周期诊断评价与防护新技术示范"，科研成果"复杂卸荷岩体工程关键技术及其应用"获湖北省科技进步一等奖；2014年，获批国家自然科学基金重点项目"复杂条件下库岸边坡变形破坏机理及防护"，同年底，他获得"全国优秀科技工作者"称号，获批为国务院学位委员会第七届学科评议组（水利工程组）成员。

李建林，犹如一棵坚毅的青松，牢牢扎根于卸荷岩体之上决不放松，三十年弦歌不辍求索奋进，在岩壁上绽放出美丽的水电之花，书写着灿烂的人生华章。

李培武

李培武,男,1961 年生于山东荷泽。中国农业科学院油料作物研究所二级研究员、博士、博士生导师。现任农业部生物毒素检测重点实验室主任,农业部油料产品质量安全风险评估实验室(武汉)主任,农业部油料及制品质量监督检验测试中心常务副主任,湖北省油料及制品质量监督检验站站长。兼任农业部农产品质量安全生物毒素专家组组长、食品安全国家标准审评委员会污染物分委员会副主任、国际油菜咨询委员会 GCIRC 理事、FAO/WHO 食品添加剂与污染物联合专家委员会委员、中国仪器仪表学会农业仪器应用技术分会副理事长等职。

长期致力于农产品质量安全理论与技术的研究和应用,主持完成了多个国家科技攻关、"863"计划、科技部专项及国际合作等农产品质量安全科研项目。成功研制出双低油菜芥酸硫甙定量速测技术与速测仪、双低油菜全程质量控制技术标准体系、黄曲霉毒素高灵敏检测技术及检测仪等多项国际领先的检测技术,收到显著的社会经济效益。荣获国际成果奖 3 项,国家技术发明二等奖 1 项,国家科技进步二等奖 3 项。所带领的团队 2011 年被授予农业部优秀创新团队,入选首批全国农业科研杰出人才和创新工程团队,荣获 2013 年度中华农业科技奖优秀创新团队奖。先后荣获中国农业科学院五年先进工作者、湖北省优秀共产党员、湖北省十佳杰出专业技术人才、全国农业科研杰出人才、百千万人才国家级人选、全国优秀科技工作者等称号。

主编参编著作 15 部,发表论文 300 余篇,其中 SCI 收录论文 90 余篇。获授权发明专利 55 项,国际发明专利 5 项,研制发布国家农业行业标准 61 项,为支撑粮油产业发展、保障消费安全做出了突出贡献。

奉献不言苦,追求无止境。

粮油安全大于天

——记中国农业科学院油料作物研究所主任、研究员李培武

2016年1月8日,这是一个值得全国人民关注的日子,这更是一个让湖北省广大科技工作者骄傲的日子。这一天,2015年度国家科学技术奖励大会在北京人民大会堂召开。中国农业科学院油料作物研究所主任、研究员李培武参加了大会并受到嘉奖。

国家科学技术奖励工作办公室副主任陈志敏在接受记者采访时高兴地说道:"食品安全及公共卫生安全等惠及民生的项目脱颖而出。本年度涌现了一系列食品农产品检验检测技术,如李培武等人发明了针对黄曲霉毒素污染检测的技术和装置,有效保障了从农田到餐桌全过程的农产品生产和消费安全。"

民以食为天。米、面、油是食中之首,是主食三餐离不开的重要组成部分,也是食品加工中不可缺少的主要原料。因此,米、面、油绝不是普通意义上的食品,更不是普通商品,它是人们摄取营养的主要来源。粮油食品的安全关系人们身体健康,粮油产品的安全与每个人息息相关。在李培武心中,粮油安全大于天!

李培武与真菌毒素打了几十年的交道,近年来,他研制的黄曲霉毒素快速检测技术方法,已在国内外的很多企业使用,为粮油食品安全撑起了保护伞。

李培武介绍说:"黄曲霉毒素是迄今发现污染农产品毒性最强的一类真菌毒素,污染面广,危及粮食安全、食品安全及人民健康与生命安全。"由于真菌毒素严重的危害性,世界各国不仅纷纷制定了相应的限量标准和法规,而且其限量标准值不断降低,越来越严。因此,能否快速灵敏地检测出黄曲霉毒素一直是国内外农业生产中面临的共同难题。

李培武认为,"我们的检测方法和手段,不仅要考虑效果,也要考虑推广的成本。同时还要求我们的试剂能适合不同领域各环节的筛查,尽可能地保障农产品食

品安全。"从 2005 年起,李培武率领团队研究的黄霉素毒素试纸条就开始在国内的一些企业中得到运用。之后,研究越来越深,最终研制出了灵敏度高、速度快、成本低的检测试剂。"十二五"期间,我国农产品的生产形势发生了变化,全社会对食品安全关注的要求和期望也更高了。在李培武看来,国家对于农产品质量安全相关的科研工作也更加重视,"实际上,这为我们科研创造了良好的环境,也让我们的学科在这五年迅速发展起来。农产品质量安全问题,必须靠科技来解决。"

爱岗敬业,刻苦钻研。勤勤恳恳做事,踏踏实实做人。这是油料所李培武工作和生活的真实写照。1986 年 7 月,他从南京农业大学硕士毕业分配至油料所工作以来,潜心致力于农产品质量安全科学研究和实践,在农产品生物毒素检验检测和全程控制领域取得了突出成绩,使我国跻身于该领域国际领先行列。

舍弃优厚待遇　丹心报效祖国

1999 年,李培武在国外留学期满,欧美很多大学、研究所纷纷向他伸出橄榄枝,用优厚的待遇挽留他。面对种种诱惑,他不为所动,毅然回到祖国。当时油料所正处在生存与发展的紧要关头, 所里能提供给他的工资待遇和实验环境条件

给国外来访学者培训(左四)

与发达的欧美国家相差甚远。农产品质量安全研究事业刚刚起步,研究能力、研究水平距国外至少半个世纪。面对艰苦的工作环境,李培武以坚定的理想信念和强烈的爱国主义情怀,用自己的所学报效祖国。

经过近30年的潜心研究和刻苦攻关,李培武先后建立了油菜芥酸硫甙速测技术、双低油菜全程质量控制技术及标准体系和黄曲霉毒素靶向抗体创制与高灵敏检测技术等多项国际领先的检测技术,得到国际同行的高度认可和称赞,提升了我国在国际农产品质量安全领域的话语权。

攻克世界难题　实现技术跨越

李培武瞄准国际前沿,带领团队,针对产业发展需求,主持完成国家科技攻关、"863"计划及国际合作等大型科研项目30余项。不仅主持研制出双低油菜芥酸硫甙定量速测技术与速测仪、制定全程质量控制技术标准体系、取得黄曲霉毒素高灵敏检测技术等系列重大科技成果,同时建成了国内一流并与国际接轨的粮油质量安全检测机构及生物毒素检测重点实验室,组建了一支具有国际竞争力的创新团队。

其一,研制出双低油菜速测技术和芥酸硫甙速测仪,解决了我国双低油菜产业发展中品质检测瓶颈性技术难题,推动了我国油菜生产优质优用和双低化技术跨越。2004年荣获国家科技进步二等奖。

为学生讲解检测技术(右一)

此前,由于缺少现场快速检测技术,油菜芥酸、硫甙检测依赖于实验室昂贵的大型仪器设备。针对我国双低油菜混种、混收、混加导致优质无法优价、优质不能优用,严重制约双低油菜产业发展和行业科技进步的重大技术难题,经过多年刻苦攻关,创造性地利用硫甙与特异外源酶和显色剂反应生成有色产物的反应机理及有色产物与硫甙间的定量关系、菜籽芥酸含量与浊度值间的定量关系,研制出双低油菜速测技术和芥酸硫甙速测仪、测试板。攻克了长期制约我国双低油菜产业化发展中硫苷、芥酸等品质快速检测的瓶颈性难题,为双低油菜优质优用提供了关键技术,取得显著的社会经济效益,推动了我国由传统普通油菜向双低优质油菜生产的技术跨越。

展示黄曲霉毒素系列检测仪器和配套产品

由于该技术测量速度快,费用低廉,操作简便,对环境适应性强,适于现场收购使用,符合农产品质量速测技术的发展趋势,因此很快在全国油菜主产区 100 多个县市推广,为提升我国双低油菜产品质量和市场竞争力提供了技术支撑,经济、社会效益显著。

其二,创建了双低油菜全程质量控制保优技术标准体系,被农业部列为全国主推技术,成果覆盖率达油菜主产区 90%,我国双低菜籽合格率由 40% 提高到 75% 以上。2008 年荣获国家科技进步二等奖。

油菜是我国最重要的油料作物,菜籽油产量占国内油料作物产油量 55% 左右,在国家食用油供给战略中的地位极其重要。虽然我国在 20 世纪 90 年代末育成一批实用的双低油菜品种,但由于传统的油菜栽培技术不适于双低油菜生产,出现了双低油菜品种水平高而产品质量低的局面,成为制约双低油菜产业发展的重大难题。针对我国油菜生产实际,李培武借鉴加拿大、澳大利亚、丹麦等国外先进经验和技术,发现了双低油菜糖高氮低的生理特征,破解了双低油菜与普通油菜栽培生理特性差异;系统研究了双低油菜生理与生育特性及品质影响因素,探明种子繁育、施肥水平、产地环境等对双低品质的影响和双低油菜与普通油菜栽培生理特性差异,建立了双低油菜产前良种繁育、产中保优栽培生产技术体系。通过多年多点田间试验、检测、调研及全国双低油菜连续质量普查研究,制定了双低油菜产前种子源头质量控制→产中产地环境、菌核病防治及保优栽培生产技术→产后低芥酸、低硫苷产品→配套检测技术方法等4大类20多项技术标准,实现了双低油菜保优栽培技术成果标准化转化,构建了系统配套的双低油菜全程质量控制保优栽培技术及标准体系。由此,我国被国际油料界公认是继加拿大、澳大利亚之后第三个掌握油菜质量全程控制技术并对油菜产品质量实行连续监控的国家。

该技术在我国油菜主产区13省市推广应用,覆盖率达油菜产区的90%,双低菜籽合格率由40%左右提高到75%以上,实现了我国由普通油菜向双低油菜生产的技术跨越,显著促进了双低油菜行业科技进步,社会效益及经济效益显著。

其三,深入探索农产品黄曲霉毒素特异性识别分子机理,创建了黄曲霉毒素高灵敏现场检测技术体系,研发出系列试剂盒和检测仪器,破解了黄曲霉毒素快速检测世界性难题。2015年荣获国家技术发明二等奖。

黄曲霉毒素是人类迄今发现污染农产品毒性最强的一类真菌毒素,包括B、G和M族,其中B族的B_1毒性是氰化钾的10倍、砒霜的68倍,属I类致癌物,植物性农产品中主要是B_1和G_1,在动物体内转化为肉蛋奶中M_1,污染食物链。世界各国均制定了严格的限量标准和法规。

近年来,食用油、牛奶等产品黄曲霉毒素超标事件备受关注,而通过高灵敏现场检测技术,能够从源头上防控黄曲霉毒素。针对农产品黄曲霉毒素污染重、危害大、杂交瘤创制难、抗体亲和力低、现场检测技术灵敏度低等问题,李培武领导团队历时十几年,发明了高效筛选杂交瘤的一步式半固体培养–梯度筛选法,并在此基础上创制出1C11、2C9、10G等高亲和力抗体,创建了黄曲霉毒素高灵敏现场快速检测技术体系,攻克了严重威胁人民健康生命安全的世界性难题。研制出高灵敏试剂盒、亲和柱及荧光检测仪、单光谱成像检测仪、时间分辨荧光检测仪等系列产品,灵敏度比现有同类技术提高10～50倍,检测成本降低75%,检测时间缩短80%,实现了由抗体源头创新到检测技术和终端产品的全程创新。

研究成果赢得了国际关注与赞誉,获得纽伦堡国际新思维新发明银奖,连续4年被国际真菌毒素学会列入年度重要进展,被国际权威期刊《化学学会评论》评价为"当今毒素领域金纳米粒子免疫层析分析的典范"。成果广泛应用于农产品领域及食品、饲料等不同领域多种产品生产企业、政府监管部门和科研院所,部分产品销往美国、印度、巴基斯坦等国,满足了农产品从农田到餐桌各环节全程控制现场快速检测与筛查的需求。

立足产业需求　培养检测人才

李培武数年如一日,坚持深入粮油产区一线和企业,现场讲授黄曲霉毒素、芥酸、硫甙生物毒素全程控制与检测技术近 300 场次,累计培训技术人员万余人次。2002 年以来主持开展全国油菜花生等粮油产品质量

在黄曲霉素高效快捷检测技术培训班授课

安全普查与生物毒素风险监测,提出应对措施供上级部门决策参考。同时,开展国家计量认证、全国农产品检测机构考核、国际比对检测,开展全国农产品质量安全检验检测体系建设与技术培训。截至 2014 年底,他培训的农产品质量安全检验检测技术人员遍及全国所有省、自治区、直辖市和 90%以上的地市县,培养出数十名研究员、副研究员、高级实验师等优秀创新人才。

李培武特别重视青年科研人才的培养与创新团队的建设,从 2003 年首批入选我国农产品质量与食物安全专业的博士生导师以来,他已培养博士 25 名、硕士 66 名。其中由他指导 3 名博士撰写的博士论文均获中国农业科学院优秀博士论文奖,张道宏博士的论文《黄曲霉毒素杂交瘤细胞株的选育及免疫层析检测技术研究》荣获 2013 年全国优秀博士学位论文提名奖。

建设专业大平台　开展领域大合作

近年来,根据新形势下对农产品质量安全科学研究的迫切需求,李培武以

"顶天立地"创建一流科研院所为目标,加快学科平台建设,建成了我国唯一的农业部生物毒素检测重点实验室、农业部油料产品风险评估实验室、中-德和中国-ICRISAT 国际联合实验室及国家粮油品质检测示范推广基地。与加拿大、美国、比利时、德国、丹麦、日本、韩国及 CAC、GCIRC 等国家和国际组织开展国际交流、合作与比对检测,引进了国际先进实验室认可准则 ISO 17025,形成了新的油料质检中心质量体系。

装备先进、国内权威、与国际接轨的油料质检中心实验室的检测能力、创新能力、人才队伍、管理制度均走在全国同类机构前列,实现了规范化、创新化和科学化的协同发展, 在全国 280 多家农业质检机构中以最优异成绩通过国家计量认证和农业部审查认可,并受到国家认监委的表彰,成为农业部专业质检中心建设与管理的典型和展示油料所综合科研实力、管理水平与形象的窗口。

油料质检中心成功举办过九次国际会议,主要围绕农产品中黄曲霉毒素污染的发生评估和预警防控、基于代谢组学的植物油脂质量安全评价技术、农产品中黄曲霉毒素等真菌毒素多组分快速免疫检测技术、荧光纳米颗粒及适配体技术在农产品质量安全研究领域的前沿动态与发展趋势开展交流研讨,对推动国际交流、促进协同创新、强化人才培养、加快科技创新国际化、全面提升我国农产品质量安全水平具有重要意义。牵头组织实施了国家粮油质量安全风险评估重大专项、风险监测专项和科技支撑计划、行业科技专项及国外先进技术引进重点项目等一批联合协同创新项目,为确保粮油作物产品质量安全、促进粮油产业发展、保障粮油产品安全消费提供了关键技术支撑,推进了农产品质量安全新兴学科的发展,为国家农产品质量安全宏观决策提供了技术支撑和服务。

几十年来,李培武一直恪守"奉献不言苦,追求无止境"的人生格言。尽管研究取得了重大进展和突破,但作为一名农产品质量安全科研工作者,他认为,未来的农产品质量安全还有很多工作要做,比如,要早日研制出多种毒素同步检测的试剂。

我们期待着,同时也深信,在李培武为粮油食品安全继续撑起的保护伞下,人们的餐桌会变得越来越安全,生活越来越美好。

李莉娥

第六届全国优秀科技工作者李莉娥，女，湖北宜昌枝江人，1965年3月出生。硕士，高级工程师，执业药师，省管专家。中共党员。现为宜昌人福药业有限责任公司总工程师、副总裁，人福医药集团股份公司总工程师、医药研究院院长。

担任宜昌人福药业总工程师期间，由其领导的研发团队成功开发上市二类新药盐酸瑞芬太尼、三类新药枸橼酸舒芬太尼等填补国内空白的麻醉药品。尤其是盐酸瑞芬太尼，人福药业成为全球继英国葛兰素史克公司后第二个能够生产该产品的厂家。2012年底，公司所开发的三类新药盐酸氢吗啡酮取得生产批件，实现了国内癌症镇痛药物领域的重大突破。目前重点开发的一类新药磷丙泊酚钠、RF07007、RF10006，都将直接推动我国麻醉学术及医疗水平的快速发展。

2005年获湖北省"五一"劳动奖章和中华全国总工会优秀女职工称号，2007年被评为宜昌市第六届优秀市管专家，2008年获宜昌市科学技术突出贡献奖，2009年获湖北省劳动模范，2012年获全国五一劳动奖章，2013年获宜昌市十大女杰称号，2014年获湖北省三八红旗手标兵荣誉称号。

2006年盐酸瑞芬太尼原料及注射用盐酸瑞芬太尼获宜昌市科技进步奖一等奖、湖北省科技进步奖一等奖，2009年枸橼酸舒芬太尼及注射液获宜昌市科技进步奖一等奖、湖北省科技进步奖二等奖，2012年开放型麻醉药物研发与产业化创新平台获湖北省科技进步二等奖，2012年枸橼酸舒芬太尼原料药杂质确证及其含量控制研究获宜昌市科技进步二等奖，2013年4-苯胺基哌啶类镇痛药合成工艺创新及其应用获湖北省科技发明三等奖，2014年新型镇咳药用组合物及其制备方法获宜昌市科技发明二等奖。

心语

多年来，我和我的科研团队，始终瞄准世界麻醉药品高技术标准进行新产品开发。我为新产品能解脱病人病苦、挽救病人生命而感到自豪，我也为新产品能够助推企业发展壮大而骄傲。

卅年磨剑　福及世人

——记宜昌人福药业有限公司总工程师、副总裁李莉娥

在湖北宜昌高新技术开发区，坐落着一家全国最大的麻醉药品生产企业——宜昌人福药业有限责任公司，它为中国麻醉药品研发生产做出了巨大的贡献。园区产品研发中心是国家地方联合工程实验室，是目前国内从事麻醉药研发实力最强的企业科研机构之一，为湖北省博士后产业基地、湖北省麻醉药物工程技术研究中心、湖北省原料药及制剂共性技术研发推广中心。研发中心的领头人就是荣获"全国'五一'劳动奖章""全国优秀科技工作者"等多项荣誉，带领团队创造国内麻醉药奇迹的总工程师李莉娥。

李莉娥出生于农村，经过不懈的努力，从刚到单位的一名化验员一步步成长为宜昌人福药业有限责任公司总工程师，主要负责公司新产品开发、质量管理、工艺技术、基建技改等四个方面的重要工作。她负责的产品研发中心下设药物合成室、药物分析室、药物制剂室、药品注册室、临床试验室等机构，拥有药物制剂、药物分析、药物合成等各类专业药学技术人员

与研发人员讨论

183 人，博士 11 人，硕士 86 人，本科 75 人。其团队与国际国内知名院校和科研机构有着广泛深入的合作。目前在研产品 100 项，其中一类新药 6 项，二类新药 4 项，三类药 60 项。几年来研发中心共获药品生产批件 40 余项，国家新药证书 10 项。2012 年公司最新研发的盐酸氢吗啡酮注射液、盐酸纳布啡注射液等产品成功上市，经过几年的推广，为公司带来巨大的经济效益。

质管坚守 30 年

1984 年，李莉娥大学毕业后分配到宜昌制药厂，一进厂就被安排到质检科从事药品化验工作。那时的她立志要在药学领域做出一番事业，药品化验工作使她很快就得到了将所学知识与工作实践相结合的机会。在工作

车间检查

中，李莉娥表现出来的踏实认真、勤奋好学的态度得到了领导和同事的一致认可。随着企业的不断发展，从 1994 年到 2002 年，她相继担任公司质量管理部副部长、部长一职，且在质量管理这个岗位上，一干就是 30 余年。

产品质量"保护神"

李莉娥常说："质量管理工作需要严上加严、精益求精的态度，尤其是我们作为国家特殊管制药品的生产企业，生产技术和设备再先进，关键还在于管理和执行力。"她提出对药品质量进行全过程跟踪控制和质量责任追究制，让产品生产从原料采购到成品出库，每个环节都有保障，在不断总结经验的基础上，形成了

陪同领导视察

公司质检员、车间兼职质检员、员工自检三级质量监督网,保证了产品出厂合格率和市场抽检合格率。在她的严格把关下,任何不合格产品都不可能流入市场,她为保障患者安全做出了重要贡献,也用人福药业公司一贯遵循的诚实守信原则赢得市场。公司的员工都说:"作为公司质量负责人,李莉娥总工对每批产品都认真审核,原辅料供应质量、生产中的任何异常都逃不过她的火眼金睛。"

在李莉娥任职质量管理部部长期间,有一次进厂的包装物质量很差,且包装箱上面的说明文字是错误的,这个错误的说明文字将会误导患者。为此李莉娥坚持对不合格的包装物不签字放行,要求销毁不合格包装物。当时国家对药品包装物管理还没有明确的 23、24 号令,也没有目前备案审查制度,很多企业为了眼前利益可以浑水摸鱼过日子。但她深知肩上的责任,要对企业负责,对患者负责,不能为了眼前利益而失去做事的原则。有人劝她:"别太认真,企业又不是你的。"可李莉娥流着泪顶住压力坚持自己的观点:"作为医药从业人员来说,最重要的个人秉性就是严谨。"她认为:"药品作为一种特殊的商品,在安全性、可靠性、有效性和真实性方面必须得到保障。"事后,她与相关部门沟通完善制定各项质量管理程序和制度,提高公司产品质量水平,相关部门也从此事中吸取教训,加强内部管理保证物料供应质量,从源头保证产品质量。李莉娥的举动最终得到理解和支持。在她的严格管理下,公司产品质量市场抽检合格率一直保持 100%,大家戏称她为产品质量"保护神"。

"拼命三郎"为"人福"

从 2002 年开始，李莉娥担任宜昌人福药业总工程师一职，分管产品研发中心、质量管理部、技术部和工程部四个重要部门。当时，宜昌人福药业面临四件大事，分别是麻药销售、人福医药工业园建设、新产品研发和 GMP 技术改造，后三件事情都由李莉娥分管负责，所以她肩负的压力非常大。2003 至 2005 年是公司发展的关键时期，经常的加班工作打乱了李莉娥正常的生活节奏，但她顶了下来。

到了 2008 年，李莉娥负责的宜昌人福药业工业园年产 3000 万支冻干粉针剂及乳剂 cGMP 项目建设和远安人福医药工业园生产项目正式启动，这两项工程将为宜昌人福药业进一步拓展国内外市场空间做出不可估量的贡献，这同时也意味着压在她肩上的担子更重，时间更紧迫。"在飞机上、车上处理公事，抓紧时间小睡一会儿已经是她日常工作生活的一部分。"同事们看着李莉娥日渐消瘦的脸庞，心疼不已，劝她多休息注意身体，她微笑着说了声"谢谢"，转身依旧从容投入工作，简直就是"拼命三娘"，有好几次她都累倒在工作现场和办公桌前。与李莉娥接触频繁的同事说，"一个高管如此努力，我们服她！"

人福集团在 2009 年初的联欢会上有一个节目叫《赞劳模》，给人印象深刻。这个群口快板曾于 2008 年 9 月 24 日登上宜昌市总工会举办的"走进职工"大型文艺晚会现场，以新颖的编排、传神的

与冻干乳剂车间主任葛金勇(左)检查车间质量

表演、贴近晚会主题内容的表达获得了 2008 年宜昌市职工文艺调演一等奖,而节目的主人翁原形就是李莉娥。作为人福科技旗下最重要的企业——宜昌人福药业高层领导中当时唯一的女性,其中描写的很多事例就是李莉娥的真实经历,反映出了她的努力与勤奋。当节目中提及"女儿发烧要住院,呼唤妈妈声声急",观众眼眶湿润。李莉娥"无言的泪水心上滴。是做一个好妈妈,还是做一个好经理。工作家庭、家庭工作怎处理?"她的许诺是"面对女儿我有歉意,待到事业获成功,我将把一身的关爱来补齐"。

事情越多担子越重。就在这个节目获奖的同一天,经武汉人福高科技产业股份有限公司总裁办研究,李莉娥被聘任为武汉人福高科技产业股份有限公司医药研究院院长,她又在新兼任的岗位上,肩负起更重要的责任。

优秀团队获殊荣

自担任公司总工程师以来,李莉娥非常注重对公司整个技术团队的培养提高,她亲自参与人才招聘,引进了中国药科大学、四川大学、武汉大学、华中科技大学、三峡大学等多名高素质的专业药学人才,公司产品研发中心的人员数由最初的 20 人增加到现在的 170 余人。

在研发、质管等技术人员的招聘中,李莉娥坚持把关,面试中总是不厌其烦细致提问,认真倾听。通过与应聘者的交谈来考察他们的工作责任心和专业素质,将合适的人才送到能充分发挥其潜力的岗位,人尽其才。针对公司技术人员普遍年轻的特点,李莉娥采用人性化的管理方式,充分放权给下属,增强员工的责任感、使命感,为员工搭建实现人生价值的舞台,营造了能充分发挥个人聪明才智、人尽其用的浓厚学术氛围。她积极与下属和基层员工沟通交流,调动他们的积极性和创造性,努力培养他们发现问题、分析问题、解决问题的能力。

宜昌人福药业近年来从全国各地招聘了大批优秀人才,在新员工见面会上,李莉娥亲切的话语和温暖的笑容让每个新人感受到了长辈般的关怀。她详细地介绍工程、技术、质量、研发等各岗位的具体工作职责及发展方向,鼓励大家积极交流,根据自己的特长及意愿选择合适的岗位,并留下自己的电话号码欢迎大家随时咨询。

在工作中,她经常采用引导式的工作方式,积极的鼓励下属充分发挥各自的潜能;工作之余,她主动关心员工的生活,积极沟通,让大家在轻松愉快的环境下工作、学习、发展。待得人才成熟起来,她又以项目为依托,前后共输送 25 人次到四川大学、中国药科大学、上海药物所等项目合作方进行深造,用最快的速度为企业培养了高素质的科研人才。在她任总工程师期间共有 8 人走上了领导岗位,打造出了一支激情、活力、进取的年轻"技术"团队,该团队先后获得了全国优秀学习班组、湖北省工人先锋号、宜昌市青年文明号等荣誉称号。

淡泊名利做实事

李莉娥多次受到省、市级表彰,面对成绩与荣誉却异常淡然。每当人们提到她在宜昌医药科研事业上的成就时,她总是说:"一个人的成功,固然有自身努力拼搏、不懈奋斗的因素, 但这些

人福药业获全国五一劳动奖状

都离不开企业管理团队的智慧,离不开广大员工的共同努力,也离不开社会各界朋友的支持与帮助。"她如此谦虚谨慎、淡泊名利,具备当代优秀科技工作者的良好品德。正因为这样,她一直把人福的发展,特别是今后的更大发展,看作是全体人福人的成功。

在宜昌人福药业的办公楼内,你可以看见她每天穿着得体的职业装优雅地走在走廊里,也可以看见她在会议上逻辑严谨的分析,脸上的笑容总是那么迷人。对于李莉娥身上体现出来的开拓创新、严谨求实、团结协作、无私奉献的精神,宜昌人福药业的同事们给出的评价是——"她树立了医药科技工作者的良好形象。"

创国内麻醉药奇迹

自主创新是科技的生命源泉,也是产业发展的关键性因素。20世纪,我国麻醉药品无论从生产数量还是使用量上都处于国际排名靠后的位置,缺乏高科技含量的产品制约了我国临床麻醉学术的发展。

1999年,在经过详细的可行性论证后,宜昌人福药业立项了当时被国内外麻醉界誉为"21世纪的麻醉镇痛药"的盐酸瑞芬太尼。由于这是宜昌人福药业首次开发麻醉药品的二类新药,而且麻醉药品较普通药品的开发难度更大,从定点立项、临床前药学研究、临床试验到取得新药证书和生产批件,是一个极其复杂和漫长的过程,涉及药学、化学、医学、机械、法律等各个知识领域,每一个环节都可能影响产品的最终上市。

李莉娥毅然挑起了项目总负责人的重担,以严谨的作风,在工作中探索,在探索中创新。盐酸瑞芬太尼作为21世纪的新药,麻醉界更新换代的重磅产品,关系到公司以后的生存和发展,公司上下对该产品的期望值很高。瑞芬太尼原料合成是整个项目的关键,其反应步骤多达8步,周期长达60天。李莉娥参照国外文献报道,制订了详细的研发进度和计划,每天都收集反应温度、压力、时间等实时控制参数进行分析、整理、改进,始终坚守在试验第一线。

为了赶时间,课题组成员没有休息的日子,几乎每天都要工作到晚上12点,压力相当大。李莉娥为了缓解课题组成员的压力,总是隔一段时间就安排一两名课题组成员去查资料或短暂地做其他工作,让他们轮流休息。几轮下来,每个课题组成员都得到了休息,唯独李莉娥自己一直工作在试验现场。有一天工作特别紧张,晚上2点钟,经常失眠的她竟在讨论问题时睡着了。大家看到这一幕,眼睛湿润了……

经过9个月的辛勤努力,李莉娥带领课题组人员终于摸索出了一条适合于工业化生产的合成路线,形成了6项自主工艺技术,将产品总收率由国外文献报道的6%提高到10.2%,大幅度降低了生产成本。整个项目仅用三年时间实施完成,创造了国内麻醉界的奇迹,为国内同行后续麻醉新药研发提供了宝贵的经验。

2005年和2007年,由李莉娥主持的枸橼酸舒芬太尼和咪达唑仑又陆续开发上市,标志着我国在麻醉用药研发方面达到了国际先进水平,宜昌人福药业的麻醉药在数量和科技含量上由此跨入国内同行业的最前列。

张杰

第六届全国优秀科技工作者张杰，男，籍贯湖北，1963年4月出生于武汉市。1992—1995年，武汉大学医学院外科学泌尿外科专业博士研究生，获得外科学博士学位；2001—2004年，武汉大学生命科学院生物系博士后流动站工作，师从中科院院士田波教授。现任鄂东医疗集团总院长、党委书记，教授，主任医师(专技二级)，博导。享受国务院政府特殊津贴，湖北省有突出贡献的中青年专家，楚天学者，"肾脏疾病发生和干预"湖北省重点实验室主任。兼任中国医院协会理事、中国医师协会泌尿外科分会委员、湖北省性学会副理事长，湖北省医学会泌尿外科分会常委，《中华实验外科杂志》《中华小儿外科杂志》等6种核心期刊编委。

主要研究方向为肾脏外科的基础和临床研究。首次提出彩色多普勒超声血流动力学指数对肾积水功能的评估是一种快速、准确、安全、便捷的方法，并在国际上首次证实了LEFTY-1基因在积水后肾纤维化病变中的重要作用。在国际上首次证实了泌尿系统肿瘤患者血清TK1水平显著性高于健康人群，同患者的治疗效果成正相关，可以作为一种新的临床肿瘤标记物用于诊断、预后及随访检测。开发出商品化和标准化血清TK1检测试剂盒，目前已在全国16个省、近130家医院展开应用，并取得了较好的经济和社会效益。

先后获得全国先进工作者、全国五一劳动奖章、全国优秀科技工作者、全国优秀医院院长、湖北省劳动模范、湖北省优秀博士后、湖北省医学领军人才培养工程专家等称号和荣誉。获得"湖北省人民政府科学技术进步二等奖"1项、"湖北省人民政府科学技术推广二等奖"1项。主持国家自然科学基金面上项目4项、教育部高校博士学科点专项基金3项、湖北省重大基础研究基金1项。发表论文200余篇(包括SCI 26篇)，主编专著2部，主译专著4部。

在创新医院持续发展上，更需要关注医院的品质化内涵建设和信息网络化平台建设，这样才能使患者的体舍感更高，员工的依从性更强。

以学成业　以精成事

——记黄石市中心医院(湖北理工学院附属医院) 教授、主任医师张杰

或许是历史的选择,或许是命运的安排,他由一名泌尿外科医生,转而成为一名医疗机构的管理者与领导人,让有着100多年历史的黄石市中心医院在获得众多荣誉之后而停滞不前之际,再次扬帆起航。在医院职工眼里,他是能干事、会干事、干得成事的领导。他,就是黄石市中心医院院长张杰。

张杰办公室墙壁上悬挂着中国工程院院士郭应禄手书两行题词"以学成业,以精成事"。他诚恳地说:"这是恩师专程来黄石为我题写的,它时刻勉励我,为了医院、为了病人,只争朝夕。"

人称"学者院长"的张杰,言谈举止间透露出一名学者、医生特有的亲和力,温文尔雅中让人不由得从心底生出一种信任感。

义无反顾　只因苍生大医情怀

在许多黄石人的心目中,"三甲"的中心医院无疑是最好的综合型医院,代表了本市医疗的最高水平,有个疑难杂症,首先就会选择去中心医院。

然而,随着十堰、襄樊、宜昌乃至荆州、恩施等地市级的医院迅猛发展,猛烈冲击着中心医院。湖北省卫生年鉴统计的业务收入、门诊量、住院量、手术台次等数据显示,黄石中心医院已经从金字塔尖落后到了第三梯队,在鄂东南地区的龙头位置不复存在。

2008年,黄石市委、市政府实施"人才引进"项目,经武汉大学人民医院推荐,黄石市领导找到了当时正主持项目科研工作的张杰。张杰的学历、能力和成绩引

起了黄石市委组织部的高度重视，向这位年富力强的博士生导师表达了诚意，希望他挑起黄石市中心医院发展的重担。许多亲戚、朋友、同事却劝他三思：留在武汉可谓轻车熟路，平台更高，前景光明；去到黄石责任重大，危机四伏，成败未卜。

黄石市领导的"三顾相邀"深深感动了张杰，知书达理的妻子也坚定地鼓励丈夫迎接挑战。于是，他选择了黄石市中心医院，一个让他成就自己另一番事业的舞台。

温水泡茶　步步为"赢"初见成效

雄心已定，宏图欲展，而中心医院运营的现状却让张杰很快冷静了下来。2008年，黄石市中心医院负债 1.5 亿，贷款 8400 万，甚至还有私立医院放言要兼并中心医院。张杰没有"新官上任三把火"，他告诫自己："先观察，再治病，温水泡茶慢慢浓。"

张杰坚持先进的科学管理理念，提出医院发展"三步走"战略，即用 5 年时间，通过建平台使医院得到快速发展；用 3 年时间，通过强内涵使医院得到持续发展；再用 2 年时间，通过扩规模使医院得到跨越发展。在管理工作中，主张对外以病人为本，对内以职工为本。

上任后，张杰没有"大换血"，而是通过一系列的学习和交流活动，让干部和员工接受自己，从思想上形成合力。张杰要求相关部门不定期举行"内训会"，把"理念、责任、执行力"作为内训的主题词，强化中层干部的责任意识，提升医务人员的执行力，由被动服务变为主动服务。

思想意识变了，服务观念变了，"院兴我兴"的责任感增强了，带来了医院业务和管理工作的巨大变化。张杰说："在每年的职工代表大会上，医院都会制定下一年的发展目标。刚上任的时候，大家对我描述的目标持

在临床一线

观望态度,但随着一年一年的目标实现,大家都看在眼里喜在心里,对我及班子成员产生了信赖感,大家觉得希望越来越大,干劲也就越来越足。"

员工们常说,跟着他干,有明确的目标和计划,心里踏实,越干越有劲。2014年,医院荣获湖北省总工会授予的"五一劳动奖状"。据全省卫计委统计资料显示,三级以上综合医院排序,黄石市中心医院从2008年的32位上升到2015年的11位,成为全省"跑"的速度最快的医院之一。

网络建设 一站式服务"四卡通"

"早上去挂号排队,再看医生做检查,等做完检查,一上午已经过去了。这样的情况以前大量存在着,让老百姓感到看病累。"张杰说,市中心医院是一家三级甲等医院,日门诊量超3000人次以上,尤其中老年患者多,复诊率高。本着"以患者为

在武汉洪山礼堂接受省领导的表彰

中心"的服务理念,张杰一班人以信息化建设为"牛鼻子"带动服务流程的变革。在全国率先推出了以全程自助服务为特点的门诊一站式服务网络,实现"四卡通"就诊。患者只要持有医保卡或银行借记卡或农合卡,就可直接在ATM机完成挂号、划价、缴费、取药等程序。如"三卡"皆无,则只需申请"就诊卡",也可顺利完成所有流程。

住院部、门诊部以及医技检查科室全部实现了数据上传、临床信息共享、无线查房;住院病人"一日清单"直接发送到病人手机里,让患者明明白白消费;自动化药房改变传统模式,门诊患者刷卡交费时,药房同步配制药品,由原来"人等药"变成了"药等人"。

"通过门诊近百台pos机,刷一次卡便完成划价、交费、检查,检查的结果报告

自行上传到医生电脑里。"张杰介绍,这一全国领先的就医网络可让患者在医院的候诊时间缩短 60 分钟,平均付费时间缩短 30 分钟,让老百姓体验到就医的方便和快捷。同时,这种"以时间换空间"的方式,也有效缓解了门诊大厅拥挤状况。

黄石中心医院"四卡通"门诊网络诊疗系统的启动,极大地方便了患者,2011年,已作为公立医院医改的成功经验在中央电视台播出。

不拘一格　高端人才内培外引

张杰认为,只有惜才,才能吸才。"人往高处走,水往低处流"这句俗话被张杰改编成医学术语:"水永远是往高渗流,我们要把渗透压做平。"正是在工资、福利、培训、考核、招聘等一系列制度上的创新和改革"提高了渗透压",留下了许多业务骨干,也引来了像关节外科副主任程杰博士、口腔科副主任刘一博士这样的高端人才。

张杰到黄石工作后重新制订了人才引进和培养的战略目标,采用"内培""外引"两种方式结合。"内培"即与武汉大学研究生院联合培养在职研究生及研究生导师,他用三年左右时间改变医院人才结构,把在职人员硕士比例由 10% 提高到20% 以上;"外引"即争取政策引进外来人员。如前所述的程杰是"引凤入'黄'"的第一批人才,医院在科研、培养、安置上给予的待遇极为优厚,令程杰感到落户黄石十分值得。接着张杰又引进了自己的学生"海归"博士罗鹏程等一批海外留学高层次人才。由他们组成的研究团队成为"肾脏疾病发生与干预"湖北省重点实验室成员,开展高水平研究。

"医院就像一艘航船,人才就像这艘航船的动力和风帆。医院的发展,靠的是人才;医院的竞争,就是人才的竞争。谁抓住了人才,谁就是抓住了发展的机遇!"对于黄石市中心医院人才战略的制定和实施,张杰感触颇丰,先进的技术和优秀的人才是相辅相成的。而优秀的人才是靠着不懈的学习才能脱颖而出,交流、学习和培训是一条捷径。

张杰督促制定了不同层次人员规范培训计划的管理制度,如新进人员强化岗前培训、低年资轮科培训、中年资进修培训、副高以上定点培训,创造机会出国培训等。同时实施"北上南下,内引外联"的策略,邀请知名专家教授长期来院指导。"百万基金人才培养计划"和"'青年之星'人才培养计划"是张杰实施人才分层培养战略的两个亮点。医院每年拿出 200 万元,选派 10 名骨干和 10 名 35 岁以下年

轻人到国外考察、培训、进修。谁去？自然是公开竞争。近年来共有200余名业务骨干分别到德国、美国、意大利、新加坡、台湾等地学习。张杰推行人事制度改革，打破身份、资历、职称、学位限制，不拘一格选贤任能。

比肩前沿　泌外专科独具特色

"只有比肩最前沿的诊疗理念与技术，才有可能搭上快速发展与进步的列车。"张杰长期坚持工作在医疗、教学、科研一线，深厚的学术造诣使他在全国享有很高的声誉及影响力。作为医院泌尿外科专业学科带头人，他以高度的责任感、强烈的事业心，带领泌尿外科团队创新思维，形成了独有的泌尿外科专科技术特色，连续两次荣获湖北省卫计委授予的"湖北省临床重点专科"称号。

他致力于科学研究，在地市级医院建立了第一个依托黄石市中心医院的"肾脏疾病发生与干预"湖北省重点实验室，建立了博士后创新实践基地，并在地市级医院首招博士后2人，建立了关乎民生的"院士专家工作站"，现有签约院士5名。中心医院加强与大专院校科学研究的联系，提升自身整体科研实力和水平。2014年医院中标国家自然科学基金项目2项，总经费141万，取得了黄石市医疗机构历史性突破。

他重视科研和医学知识的普及工作，每年面向黄石及周边地区主办国家级医学继续教育培训，即"基层医务人员如何提高科研意识和能力"；每周六开展"健康大讲堂"，为市民讲解医学科普知识，至今已经坚持了8年，从未间断。

矿冶名都　千锤百炼精益文化

2008年7月来黄石赴任之初，张杰深刻认识到，与引进高新设备相比，推动发展的动力之源是医院文化；与取得的经济效益和绩效分配相比，更贴近人心民意的是医院文化。文化虽是无形之物，却非无本之木、无源之水。无论大会小会还是与职工交流，他经常对员工们说：黄石作为矿冶名城，三千年炉火不息，追求的是精纯卓越的优良品质，而中心医院的创业发展，推崇的是大医精诚的无私境界，"矿冶精纯，医修精诚"，二者之间，一脉相承，其实质就是"精益文化"。

八年多来，张杰多头并进，着力抓好医院文化建设。从文化阵地《中心医院报》

到《中心医苑》院刊的创刊发行，从成立"天使之声"合唱团到羽毛球队、篮球队、文学社、摄影社、瑜伽班、健身操班等社团的不断涌现，从日益深入人心成为健康服务品牌的"健康大讲坛"到对外宣传网站，从举办职工文化艺术作品展到自发组建的"青年学术沙龙"和"院感沙龙"等学术团体，他一直致力于医院事业发展与医院文化建设的完美融合，以文化载医道，以医道扬医德。

出席 2015 年"五一"国际劳动节暨表彰全国劳动模范和先进工作者大会

张杰坚持患者满意是"硬道理"，2012 年确立以"精诚关爱、亲情服务"为理念，全力推出医疗客户服务中心，赋予一定的医院管理职能和全程的服务功能，为患者提供院前、院中、院后等全程、全面、高质、高效的一体化服务。客服中心按照医院"精文化"的理念，以"患者满意"为宗旨，实行门诊错峰上班、延时下班的弹性工作制，推出了预约门诊、便民门诊、无假日门诊、夜间门诊等多项惠民措施，使医疗服务更有时效性；实施了分诊叫号诊疗制度，让医生与患者进行"一对一"的安心诊疗；创建了电话呼叫服务平台、短信服务平台、满意度评价平台"三大服务平台"，推出了 0714-3189999 服务专线，为患者提供咨询、预约、引导、陪同、告知、代理、探访、随访等服务。同时创新预约就医模式，开通电话预约、医院网站预约、医生诊后预约、患者出院预约等多渠道门诊预约诊疗方式，保障患者有序就诊。通过这些患者看得到、听得到、感受得到的举措，切实让百姓得实惠，进一步提升了医院服务品质。

不仅如此，他还极力细分文化，做到内外有别。对内，医院不断提高全体员工的科技素质和人文素质，努力构建"心相通、情相融、力相和"的和谐内部环境。对外，医院提供人性化服务，将博大的医学人文精神，化作对广大群众和患者无微不至的爱，并由此构建和谐的医患关系。

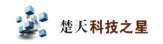
宏图在望　打造鄂东医疗中心

在黄石实施"生态立市,产业强市,加快建设鄂东特大城市"的战略中,张杰积极瞄准"鄂东特大城市"的蓝图,对自己的奋斗目标重新定位:要为260万黄石儿女奉献一处现代化的鄂东医疗中心,与"大城"的地位匹配,与"大城"的需求合拍,与"大城"的行动同步。他的这一提案被黄石两会采纳,得到市领导高度重视,并付诸实施。

张杰在2013年完成了市中心医院和市一医院的资源重组,2014年拉开了鄂东医疗中心建设帷幕,2015年初负责组建鄂东医疗集团。3月30日,黄石市市委组织部宣布鄂东医疗集团正式挂牌成立,张杰任集团总院长、党委书记。以黄石市中心医院为核心,黄石市中医医院、黄石市妇幼保健院成建制划入集团,形成三院七区的宏大集团构架。

目前,张杰又在构想集团的发展规划和愿景——保障供应体系,实现集约化,对三个医院、七个院区提供统一的服务和管理;实现医技一体化,对三个医院的信息、检验、放射等医技部门进行资源整合,打造功能更加完备、技术实力更雄厚的区域性平台;走差异化发展之路,最大限度发挥综合、中医和妇幼三大优质资源的优势,加速体系和能力建设,形成覆盖鄂东、辐射鄂赣皖的现代化区域医疗中心。

"鄂东医疗集团组建带来的改变,将遍及集团的方方面面,从观念到效率,从人才到设备,从学科到信息化,都将会有一个全新的变化。"张杰说:"深化体制改革,合理利用资源,要通过'五化同步'的战略部署,即后勤保障一体化、医技学科区域化、临床学科整合化、三个体系特色化、社会资本合作化。形成集团的核心竞争力,并逐步扩大影响,最终实现鄂东区域医疗中心对区域内患者的同质化医疗服务。"

"只要再给鄂东医疗集团五年时间,我们就能用两年实现妇幼保健院进入地市级妇幼医院中的前列,用三年实现中医医院进入地市级中医医院中的第一方阵。同时,让鄂东医疗集团在区域内更具影响力和辐射力。三院七区,各具特色、错位发展的战略部署,一定能够使鄂东医疗集团成为一个强有力的,未来覆盖鄂东、辐射鄂赣皖的现代化区域医疗中心。"张杰自信满满。

张一敏

　　第六届全国优秀科技工作者张一敏,男,河南许昌人,1954 年 10 月出生。毕业于武汉钢铁学院矿物加工工程专业,研究生学历,硕士学位。九三学社成员。现任武汉科技大学学术委员会主任,资源与环境工程学院院长、教授、博士生导师,武汉理工大学学科首席教授,湖北省人民政府参事。国家"863 计划"资源环境技术领域主题专家组成员(召集人),国家"十三五重大科技专项计划"专家组成员。国务院政府特殊津贴专家,"楚天学者计划"特聘教授,湖北省有突出贡献专家,湖北省杰出专业技术人才,湖北省新世纪高层次人才工程入选者。全国优秀科技工作者,中国钢铁工业优秀科技工作者,"十一五"国家科技计划执行突出贡献奖,湖北省劳动模范,湖北五一劳动奖章,湖北省优秀教师。

　　主要社会兼职:中国工程院产业工程科技委员会资源综合利用研究会副理事长,中国金属学会选矿专业委员会副主任,中国有色金属学会特殊冶金专业委员会副主任,全国锰业技术委员会专家委员会副主任,中国非金属矿工业协会常务理事,中国萤石工业协会常务理事。

　　主要研究方向:洁净矿物加工、提取冶金、资源综合利用。获得国家、省部科技奖励 15 项,其中以第一完成人获国家科技进步二等奖 2 项,省、部技术发明和科技进步一等奖 5 项。获国家授权发明专利和国际专利 35 项。

　　独著或主编《石煤提钒》《二次资源利用》《固体物料分选理论与工艺》《球团理论与工艺》《球团矿生产技术》《石煤提钒先进工艺及污染防治评价理论与方法》等 7 部著作,在国内外重要刊物上发表论文 221 篇。目前培养博士生13 人、博士后 3 人、硕士生 21 人。

❀心语❀

　　"站起来大刀阔斧,坐下去精雕细刻"是我们的操守,"析自然之美,存资源之华"是我们的追求。

析自然之美　存资源之华

——记武汉科技大学资源与环境工程学院院长、教授张一敏

四年两获国家科技进步二等奖、担任国家"863"资源环境领域主题专家组组长，张一敏的成功令人钦敬。在科技界，有这样一种说法，要想获得国家级科技奖励，没有上十年的沉淀，是不可能的。的确，任何一项重大科技成果的问世，都是一场旷日持久的攻坚战。把个人发展与学校发展、社会发展紧密相连的张一敏教授，20多年潜心钻研，一直致力于矿物资源的高效开发和利用，率先在我国建成第一座产业化提钒工程，首次开发出微细含铁物料超极限专用装备及分选工艺，在我国西部建成首座高纯红柱石提取技术示范工程等。建成工业厂（线）和示范工程36项，设备及产品分布20个省市，4项技术和产品被国外企业采用，6项被列为国家先进适用技术、重点推广计划、示范工程和新产品。

资源是人类赖以生存的基础，地球上的资源数量有限，大部分不可再生。随着经济高速发展、工业化进程不断深入，资源正在被大规模开发利用。在资源开发利用过程中，许多问题随之而生，如资源利用率低、二次资源浪费严重、环境污染等，已成为人类面临的一道重要"考题"。张一敏从武汉钢铁学院矿物加工工程专业毕业后留校工作开始，就正式与资源高效利用结缘。他长期从事页岩提钒、铁资源回收和高纯矿物提取等科学研究工作，在矿物高效提取和资源综合利用

做学术报告

领域主持和参与了许多国家重大研究项目,取得了重要突破,获得广泛赞誉。他创造性地将矿物加工与湿法冶金、化学反应工程等多学科交叉,在双循环氧化和一步短流程提钒、微细含铁物料分选、红柱石高纯提取方面做出了突出贡献。

点"石"成金的能工巧匠

钒是高性能钢的关键原料,是发展核工业和钒系新能源的基础材料,钒消费的35%直接与军工相关,是发达国家占有的重要战略储备资源之一。全球90%钒页岩(石煤)赋存于中国,是我国的优势资源,但其中80%为难处理云母型页岩,传统提钒异常困难(平均提取率<55%)。早在20世纪70年代末,张一敏就开始接触到这种珍贵资源。含钒页岩俗称石煤,产出地老百姓常错把它当成劣质煤,用于取暖、做饭,政府也不了解石煤资源,任由乱采滥挖,含钒页岩资源浪费十分严重。到了20世纪80年代,人们开始认识到钒资源的重要性。受利益驱使,民间土法提钒厂大量涌现,浪费和污染触目惊心,国内科研单位的研究也只停留在实验室阶段,无法开展大规模生产。

张一敏针对云母型钒页岩难以氧化转价这一关键问题,发现"在强氧化状态下三价钒可从被破坏的铝氧八面体中释放,转价为可溶的五价钒和四价钒",提出"难处理云母型页岩自催化-高效解离-双循环氧化"提钒理论与方法。形成"原矿脱碳-循环焙烧-水浸-离子交换-铵盐沉钒-煅烧脱氨提取高纯五氧化二钒技术"。他的理论和技术突破了低价钒难以氧化为高价钒的重大难题。由于他和他的团队长期不懈的努力,至"十二五",他主持国家科技支撑计划重点项目,使我国云母型页岩低价钒长期难以回收的局面得到根本改变,提钒技术进入世界先进行列。

2012年,张一敏为环保部主持编制了《含钒页岩提钒行业污染控制政策》《石煤提钒行业污染防治技术政策》《石煤提钒行业最佳可行技术指南》等行业政策、技术指南,为钒行业环境技术管理体系建设、污染控制与环境管理提供了重要支撑,被中国有色金属工业协会、江西省环保厅、陕西省环保厅、湖北省环保厅、湖北省发改委、湖北省环境保护产业协会、湖北省冶金工业协会等采纳推广。他牵头组建了我国首个"页岩钒资源开发与利用产业技术创新战略联盟",担任两处"专家工作站"的首席专家实施技术推广。石煤提钒技术在我国最大石煤提钒企业陕西五洲矿业及十多家大中企业得到广泛应用。该技术获 2011 年中国专利优秀奖,2010 年国家科技进步二等奖,2014 年湖北省技术发明一等奖,2013 年被国土资源部列入全国"矿产资源节约与综合利用先进适用技术",2015 年被工信部列入国家《产业关键共性技术指南》。技术成果获美国、南非 2 项国际发明专利,国家授权发明专利 9 项,实用新型专利 7 项。

掠"尘"为鑫的创新者

工业中产生的各类含铁渣尘,是具有重要利用价值的二次资源,传统意义上的含铁渣尘利用,除部分作为水泥掺合料外,其他利用仅限于部分具备条件的厂矿企业,且多为有限利用;绝大部分含铁渣尘长期废弃堆放,不仅造成资源浪费,且极易形成环境污染。已有的含铁渣尘的利用技术也普遍存在处理工艺复杂、过程控制困难、产品指标不稳、运行成本过高等缺陷。所生产的产品粉化率高,易造成二次污染。这一技术难题,包括全球第五大钢铁生产商——韩国浦项钢铁公司和德国林茨公司在内的众多钢铁企业都未能彻底解决。

2000 年,原国家冶金局将"含铁渣尘高效利用关键技术开发与工业应用"列为冶金重点科学技术研究项目,并确定武汉科技大学为项目主持单位。实验室攻关期间,作为项目负责人的张一敏教授与课题组成员一同扎根于实验室,共同对每个试验现象进行讨论、分析,制定下一步的试验方案。大家每天考虑的都是试验现象、试验过程,节假日已经成为与大家无关的一个名词。为节省时间,午餐、晚餐都是请食堂将盒饭送到实验室,晚上 12 点以后回家也是常事。

攻关初期,国内找不到适合该类含铁粉尘预处理的设备,张一敏根据在"六五"科技攻关中对我国铬铁矿分选预处理的成功经验,大胆实践,创造性地采用 0.36 的超极限距径比设计,开发出我国第一台超极限(h/D)螺旋溜槽。这一思路提出之初,受到一些同行的质疑,认为这与螺旋溜槽距径比(h/D)不能小于 0.45 的传统理论相悖,难以进行实际应用。面对困难和质疑,张一敏没有退缩,带领团队组织攻关,经过理论上的突破和严密的实验验证,最终与相关设备专家共同拿出了超极限(h/D)溜槽整套设计方案,并自筹经费委托厂家加工出第一台工业样机。现场实践证明,设备完全适合含铁渣尘的分选预处理的特殊需求,效果突出。在成功研发出含铁渣尘分选关键设备的基础上,张一敏建立的单一超极限 h/D

螺旋溜槽"一粗二精一扫"的含铁渣尘分选提纯新工艺,铁回收率提高 10%～15%,S 脱除率高达 95%。

针对二次含铁资源特性,张一敏创建了冶金粉尘饱和蒸汽介质旋风消解技术,数十秒内可完成物料中碱性物质均质消解和应力释放,冷压球可长期存放不粉化,解决了国内外未能攻克的高钙、镁二次含铁球团"瞬时"粉化关键难题。该技术被韩、美等国采用,对二次铁资源回收技术产生重要影响。

艰难困苦,玉汝于成。经过长达 7 年的系统攻关研究及工业生产,该项目在工艺、设备、产品方面均取得重大突破。在太钢、本钢等推广工程 12 项,获 2007年国家科技进步二等奖和 2004、2006 年湖北省科技进步一等奖。技术和装备分别列入"国家科技成果重点推广计划"和"国家重点新产品"。

红柱石高纯提取的专家

在工程现场(中)

红柱石被先进国家作为一种限制性战略资源,其高温莫来石化后是抗蠕变高级耐材的重要原料,用其制成的轻质材料可满足特殊工业需求。我国红柱石储量居世界第三位,但禀赋差,含量低(<8%),长期不能得到有效利用。在"八五"攻关计划支持下,张一敏针对低品质原生红柱石难以提取问题,开展高铁、钛红柱石提纯研究,首次将重介质–磁–浮工艺引入红柱石提取,在降低循环负荷和高效富集同时,达到去除铁、钛杂质 80%和 90%的效果。产品优于国外代表性企业法国 DAMREC 集团指标,被其采用,成功地解决了法投南非原生红柱石高纯提取。该项技术为推动高纯矿物工业早期发展发挥了重要作用。在我国西部地区建成第一座高纯红柱石示范工程,成果先后获授权国家发明专利 5 项,新疆省广矿业公司应用该技术实用新

型专利4项,获1998年国家冶金科技进步二等奖。核心技术被伊朗耐材集团成功应用于隐晶质菱镁矿提纯。

能战斗敢拼搏的勇士

武汉科技大学材料与冶金学院党委书记薛正良教授说:张一敏能战斗。

与张一敏在科研上有过合作的薛正良教授,对张一敏硬朗的工作作风非常钦佩。在一项课题攻关阶段,张一敏教授把团队所有人都拉到武钢宾馆"闭关",开展专项研讨,不解决问题不出去。这股连轴转的拼劲,往往能收到事半功倍的效果,很多长期议而未决的问题,这时候都能迎刃而解。

攀悬崖、走峭壁,上过的矿山成百上千;穿雨靴、提马灯,下过的矿井不计其数。"沉得下去"的张一敏总在一线摸爬滚打,把矿区的"疑难杂症"带回实验室"解剖",再把实验成果带到矿区接受实践的检验。张一敏说,科技攻关中的难题就是上天赐予我们的机遇,把握机遇迈过坎,前面就是一马平川。

与工人一起住工棚、吃泡饭;工业生产指导时,亲临现场,经常满脸黑灰,只剩下一双睿智的眼睛忽闪着露出眼白。湖北腾达矿冶有限公司的工人对张一敏竖起大拇指:这个专家没有架子。

肯学才能会做。张一敏说,学,才能解疑惑;学,然后知不足。在网络还没普及的年代,以实验室为家的他,把图书馆当做第二阵地,成了"泡馆达人"。网络飞速发展后,轻点鼠标就可以带来行业最新的学术大餐,于是他成了搜索引擎"骨灰级玩家"。

学生眼中的严师良友

武汉科技大学资源与环境工程学院刘涛博士说:张一敏特严厉。

张一敏团队的51个人每周二晚上都要开学术例会,汇报目前的课题进度、拟定下一步的工作计划,反映研究过程中遇到的问题。学术例会的氛围很活跃,经常可见研究生与张一敏热烈讨论。因为张一敏说过,只要是拿数据说话,你们尽管大胆跟我争论。

张一敏的硕士生有时会叫苦不迭:我们不仅要有高水平核心期刊和外文论文,数量也比别人的多才能过关,压力山大呀!学生准备发表的每篇文章,张一敏都要亲自过目,最后把关。立论是否正确,论据是否充分,论证是否得当,张一敏都会做详细的批注,反馈到学生手里时,一目了然。张一敏常对学生说,要做好学问,先做好人。我们的研究课题很多都是实践应用项目，要服务生产力的，一定要严肃认真，千万不能弄虚作假。

2009年，一位研究生提交的毕业论文在答辩组审核时，被张一敏亮了红牌，要求重写。张一敏以为学生会抱怨和抵触，没想到该生万分感动，认真地做了修改。毕业后，

与英国莱斯特大学同行交流

还经常给他打电话。张一敏说，适当的敲打，学生是终身受益的。

在资源与环境工程学院，学生们进实验室之前，都会自觉地换上白大褂，戴上口罩。在张一敏的汽车后备箱里，劳保服、安全帽也是必备品。张一敏重视安全，他经常提醒学生：搞矿物加工的，无论是实验环境还是工作环境，都具有一定的危险性，安全意识一定要强，要学会自我防护。

沈阳农村的博士研究生小刘读本科时申请了助学贷款1万多块，读研后无力偿还，张一敏知道后，悄悄地替他还清了贷款。

讲课出神入化的高手

武汉科技大学机械自动化学院王兴东教授说：张一敏会教学。

张一敏的课堂很活，几十年躬身实验室，上千次下厂矿，积累了丰富的第一手资料。善于表达的他有一张巧嘴，总能化枯燥为生动，化艰涩为通俗，将白纸黑字变成立体的概念，在学生面前展开一幅生动的矿冶画卷。

在中国最大最专业的大学老师教学评价网站"评师网"上，一个上过《球团理论与技术》课的学生这样评价他："教学严谨，一丝不苟；脚踏实地，勤勤恳恳；敢于创新，勇于进取；平易近人，无微不至。"一个听他讲过《矿物功能材料》的学生说："张老师上课不局限于课本，而是理论联系实际，能求学于这样的老师门下真是幸运！"

逢年过节，张一敏的手机总被电话和短信挤爆，他教过的没教过的、认识的不认识的、毕业的没毕业的，学生们以他们并不张扬的方式感谢生命中有这样一位值得敬重的老师。

富有情趣的生活达人

武汉科技大学退休老教师张永红说:张一敏懂生活。

张一敏的办公室里,最显眼的是一张 2 平方米的大办公桌,以及办公桌上分门别类堆满的报纸、杂志、待阅的信件、待处理的文件。"有点乱,要处理的事情比较多。"他自我解嘲。国家、省、市、校内的各种头衔,让他一天的忙碌从早晨睁眼开始。忙归忙,但他办公室窗台上那盆枝叶茂盛的绿萝,却被他照顾得很好。闲暇时,浇浇水,剪剪枝叶,相看两不厌。在阳光下颔首微笑的绿萝映射出大忙人的爱心与柔情。

张一敏忙,下矿区、跑项目、谈合作。张一敏经常不着家,虽然妻子十分理解,把家里家外都照顾得妥妥帖帖,但张一敏一直心怀歉疚。只要在家,他就会挽起袖子,拖地洗碗搞卫生,把妻子从家务事里解放出来,或者亲自烹饪一桌香喷喷的饭菜,弥补对妻子的亏欠。2012 年春节,团队的几个老师到他家拜年,对他家里那其乐融融的氛围记忆犹新:"老师和师母都是性格开朗、笑声爽朗的北方人,夫唱妇随,妇唱夫随,两人间的和谐默契让人羡慕。"

张一敏歌唱得好,每年学院的团年饭上,张一敏都会被要求吼一嗓子,大气雄浑的《高原红》,柔情万丈的《我的老妈妈》,甚至难度较高的男高音,他都能完美演绎。张一敏会活跃气氛,有张一敏在的地方,总能听到他爽朗的笑声,总能有一种轻松和谐的气氛。

张一敏爱运动,他常说,身体是革命的本钱,再忙再累,他都坚持锻炼身体。年轻时,他喜欢跑步,每天早上坚持跑 6000 米,大汗淋漓之后,脑力劳动的疲累也跟着烟消云散了。现在,已年近花甲的张一敏依然气质夺人、风度翩翩。下矿井、爬矿山,张一敏也总是冲锋在前,精力堪比小伙。

只要是学院的集体活动,张一敏都会尽量抽时间参加。一次,学院组织教师到浠水开研讨会,被其他会议耽搁的张一敏为了赶上学院的会期,一路马不停蹄,赶去与大家团聚。有这样一个领头羊,大家的心靠得更紧了。

30 多年里,"沉得下去"的张一敏总在一线摸爬滚打,几乎走遍业内大中型矿山、企业。"我们搞矿的人,在别人眼里可能是傻大粗黑,但我们要粗中有细,在大方向上果断有魄力,在细节处理上精益求精。"他一如既往地遵循"站起来大刀阔斧,坐下去精雕细刻"的信念,为自己挚爱的事业倾注着满腔热情,演绎着自己的多彩人生。

❦ 个人简介 ❦

第六届全国优秀科技工作者余家国,男,籍贯湖北利川,1963 年 1 月出生于湖北省利川市。2000 年 6 月博士毕业于武汉理工大学材料学专业,获博士学位。武汉理工大学首席教授,武汉理工大学材料复合新技术国家重点实验室任教。九三学社社员。2000 年破格晋升为教授,2001 年晋升为博士生导师,同年获得国务院政府特殊津贴,2005 年被聘为湖北省楚天学者计划特聘教授,2006 年获国家杰出青年基金资助,2007 年入选新世纪百千万人才工程国家级人选。

入选汤森路透 2012 年度全球最热门研究人员 21 人名单,2014 年获得汤森路透高引用科学家奖,同年获得国家自然科学二等奖(排名第一),被教育部授予全国优秀教师荣誉称号,2015 年被中共中央国务院授予全国先进工作者荣誉称号,同年入选英国皇家化学会会士(FRSC:Fellow of the Royal Society of Chemistry)。入选最新汤森路透化学、材料和工程三个学科高引用研究人员名单 (中国仅两人同时入选 3 个学科)。兼任国际期刊 *Applied Surface Science* 编辑和 *Scientific Reports*、*Journal of Hazardous Materials*、*Journal of Photochemistry & Photobiology, B: Biology*、*ChemNanoMat*、*Research on Chemical Intermediates*、*Current Nanoscience*、*Science China Materials*、*Acta Chimica Sinica*、*Rare Metals*、*Journal of Materials Science & Technology*、*Chinese Journal of Catalysis* 等十余个国际国内期刊的编委和客座主编。

主要从事半导体光催化材料、光催化分解水产氢、CO_2 还原制备太阳燃料、室内空气净化、吸附材料等方面的研究工作,取得了若干创新性研究成果,多篇研究论文发表在多种国际著名刊物上,如 *Chem. Soc. Rev.*、*Angew. Chem. Int. Ed.*、*Nano Letters*、*J. Am. Chem. Soc.*、*Adv. Mater.* 等。发表 SCI 收录论文 400 余篇,论文被 SCI 他人引文 27000 余篇次,H 个人引文指数 99,单篇最高 SCI 他人引文 1100 余次。70 余篇论文被 ISI 评为近 10 年高引频论文(本领域引用率最高的 1% 以内,ESI 论文)。2000 至 2002 年和 2003 至 2004 年在香港中文大学从事博士后研究工作,2005 至 2006 年在英国 Bristol 大学 Stephen Mann 教授(英国皇家学会院士)课题组从事访问研究。2007 至 2008 年在美国 University of Texas at Austin 大学电化学中心 Allen J.Bard 教授(美国科学院院士)课题组从事高级访问研究工作半年。

❦ 心语 ❦

勤奋是成功的基础,成果来自日积月累,学习是长期的过程,合作的心态非常重要。

光催化领域的逐梦人

——记武汉理工大学教授余家国

余家国近几年在半导体光催化材料、光催化产氢、染料敏化太阳能电池、污染物吸附等方面的研究中取得若干创新性研究成果。

有人羡慕他的机遇，有人钦佩他的才干，但余家国认为："勤奋是成功的基础，成果来自日积月累，学习是长期的过程，合作的心态非常重要。"同时他说这一切都要归功于曾经对他影响最大的几位恩师。

感受大师们的优秀品质

"打了这么多年的交道，已经有了极深的感情！"余家国对事业的热爱溢于言表。他非常感谢博士导师、长江学者赵修建教授将他引入这一学科领域。

2000 到 2008 年，整整 8 年，余家国先后在香港中文大学做博士后研究工作，在英国布里斯托大学、美国德州大学奥斯汀分校从事访问研究工作。这些经历拓展了他的研究视野，使他的研究紧跟上了国际的前沿；而从他的导师余济美教授、Stephen Mam 教授、Allen J.Bard 教授等国际光催化领域一流学者身上，余家国更是感受到了"科学""严谨""认真""坚持"这些科研从业者应具备的宝贵品质。

余家国在香港中文大学发表的第一篇论文，论文初稿引用的文献有 50 篇之多，而导师余济美一篇篇地去图书馆查找、核实文献的相关性。"我也是那天在图书馆偶尔碰见了余济美教授，才知道他正在查看我论文中的相关文献，我深深感受到虽然他非常忙，为了修改好我的论文，他不惜花大量时间去阅读我论文中的相关文献，也感受到他治学态度的严谨！"

Stephen Mam 教授是英国皇家学会院士，国际上生物矿化和颗粒材料形貌控制的顶级科学家，在修改学生论文时也非常较真，为了一个实验细节，他可以通过十几个电子邮件反复跟学生核实、讨论，而且其间还不断地提出自己的想法，总结出规律性结论，拔高和丰富学生论文的内容，他修改的论文，学生自然感觉到论文被提高一个档次。"一篇论文这么改下来，论文的水平自然得到很大提高，学生也可以从中感受到他知识的渊博和对实验结果和现象的理解深度！"

Allen J.Bard 教授是美国科学院院士，原 JACS 主编，国际著名电化学家，他的《电化学方法原理和应用》是一部经典的电化学教材，被认为是化学领域的"圣经"。他只要不出差，都会待在实验室，学生在那里准能找到他。他十分平易近人，学生有什么问题都能得到他热情的解答。在余家国的印象里，Bard 教授化学、数学的功夫十分扎实深厚，"讲'数学推导'，不看讲稿，就能把四块黑板全写满！"

"从赵修建教授、余济美教授、Stephen Mam 教授和 Allen J.Bard 教授他们身上，我学到很多东西，受益终生。他们教会了我怎么做科研、怎么当老师！"时隔数年，回忆起四位恩师，余家国的言语中依然充满深情。

2014 年获得国家自然科学二等奖

梦想，从那一刻开始

从 1997 年博士论文工作开始接触光催化科学，余家国至今已在这一研究领域跋涉求索了 20 个年头。梦想，就在 20 世纪末开始。

随着我国社会经济的发展，能源和环境问题越来越受到人们的广泛关注，解决当前日益严重的能源短缺和环境污染问题是我国实现可持续发展、提高人民生活质量和保障国家安全的迫切需要。在未来，人类面临的一个巨大挑战就是将能源供应从化石燃料逐渐转移到可再生能源上来，这主要是由于使用化石燃料给环境和气候带来的负面效应以及化石燃料资源短缺等因素引起的。太阳能是最重要的可再生能源，清洁环保，然而太阳能能量密度低、昼夜／季节变化大、分布不均匀、不易储存。传统太阳能电池与风力发电具有时变性，电能的产生和利用往往不能同步，还必须解决电能的存储问题。

光催化材料和光催化技术在解决能源和环境问题方面有着非常广阔的应用前景，因为光催化能利用太阳光，光催化分解水制备氢气，将光能转换成可以存储的化学能——氢能。氢能能量密度高、清洁环保、使用方便，被认为是一种理想的能源载体。光催化还可以利用太阳光还原 CO_2，将 CO_2 还原为高能量密度的碳质燃料如甲烷甲醇等，达到节能减排的目的，符合国家和社会发展的重大需求。然而，从实际应用和商业化方面考虑，二氧化钛光催化材料面临两大关键科学问题需要认真解决，一是光催化材料的光催化活

2015 年获得全国先进工作者荣誉称号

性或量子效率不高,二是不能被可见光激活。解决这两大关键科学问题是发展高效光催化材料的根本。

抢占人类节能减排制高点

余家国课题组围绕上述两大关键科学问题,在国家自然科学基金等科研项目的持续支持下,在高性能光催化材料的制备、微结构调控、掺杂、表面改性、性能增强、光催化机理等方面开展

2015 年与希腊 Trapalis 教授合影

了系统的研究工作,取得了若干创新性研究成果,形成了自己的研究特色,获得了较高的国际学术地位。所取得的成果将对光催化材料学科以及其他相关学科的发展具有重要的推动作用。

十余年来,余家国课题组构建了光催化材料性能与微结构间的关系,实现了从材料制备和微结构调控入手增强宏观光催化性能,发展了多种新的光催化材料制备方法和材料体系,制备出多种高效稳定的光催化材料,提出了若干理论模型解释其机理,推进了国际光催化材料的研究与应用化进程,并有很高的学术价值,对于推动太阳能制氢的清洁能源策略具有重要的实践意义。

打造高平台培养优秀人才

余家国除了注重自身能力的提高,更重视对学生品质的培养。他常常对学生

说:"做科研一定要与时俱进,努力学习科学前沿,增强自身练内功。如果导师自己都不去学习新事物,如何能指导并培养出优秀学生?"

由余家国直接培养的出站博士后有 12 名、毕业博士 16 人、毕业硕士 46 人,其中有 10 人次获得过中国博士科学基金和特别资助,3 人获得湖北省优秀博士学位论文,6 人获得湖北省优秀硕士学位论文。毕业学生中有 5 人获得教育部新世纪优秀人才计划支持,有 9 人成为高校和研究单位的教授和研究员。例如 2007 年毕业博士余火根目前已是武汉理工大学首席教授,2009 年毕业博士刘升卫目前已是中山大学教授和博士生导师。大部分学生都已成为所在单位的骨干力量。

在对学生科研能力培养过程中,余家国特别注重培养学生一丝不苟的科研习惯。在 ENDNOTE 等文献管理软件普及之前,每篇文章的几十篇参考文献都是纯手动输入,学生在输入过程中极易出错。无论多么繁忙,余家国每次都会认真检查每位学生的文章,包括标点符号,有问题的地方都会耐心指出并加以说明,使学生在反复锻炼与潜移默化的过程中养成认真细致的科研风格。

余家国常说:"科技论文每一部分都有它的特定要求,就最简单的参考文献来说,它的每一个标点符号、字体格式、页码等对于特定期刊都有特定的要求,一点都不能马虎。"因此,学生从余家国那里学到的不仅仅是专业知识、学术思想,更多的是学到了他身上那种科学精神和追求真理的态度。

正是这些良好的科学态度和科学作风使学生快速成长起来,在参加工作独立承担科研任务时,也能取得相当不错的成绩。对学生来说,老师言传身教的这些优良品质都是非常宝贵的财富,必将受用终生。

正如其学生余火根所说:"在余老师身边待了很多年,在自己身上也能找到余老师风格的影子;同时,我也会以同样的方式来指导我的学生,希望他们能顺利健康成长。"许多毕业多年的学生在谈到余老师对自己的影响时,都高度赞扬余老师严谨的科研态度。

傲立基础科学研究新高地

2013 年 6 月 5 日,汤森路透旗下的 ScienceWatch 网站公布了 2012 年度最热门研究人员,通过分析论文的引用次数为依据,盘点了 2012 年度最热门科学研究人员。全球一共有 21 位入选,其中有 4 位来自中国科研机构,分别是华大基因

2015 年在欧洲参加国际会议

研究院的王俊研究员、中科院化学研究所的李永舫研究员、中科院金属研究所的成会明研究员和武汉理工大学的余家国教授。余家国是中国高校唯一入选者。

2014 年 6 月 10 日，汤森路透公布了全球 2014 高引用研究人员名录，全球共入选 3215 人，中国（包括港澳台地区）162 人入选。其中全球化学学科 198 人入选，全球材料学科 147 人入选。

"高引用研究人员"是由美国汤森路透公司开创的全球性科学家荣誉名单，它以论文被引次数为指标，从自然科学、社会科学等 21 个学科领域中，选出全球论文被引用次数最高的学者。论文被引次数是评价科研成果的重要指标之一，而成为"高引用"，则意味着该科学家在其所研究的学科内具有较高的影响力，其科研成果为该学科的发展做出了重大贡献。余家国同时入选了化学和材料科学两个学科高引用研究人员名单（中国仅有 13 人同时入选两个学科）。

2015 年 9 月 17 日，美国汤森路透集团公布了全球 2015 高被引科学家名单。这是通过对 2003 至 2013 年被 SCI 收录的 21 个自然和社会科学领域论文分析评估，并将所属领域同一年度他引频次在前 1% 的论文进行排名统计后得出的。此次公布的全球高被引科学家覆盖包括材料、化学、数学、工程学等 21 个学科领域,共有 2975 名(3125 人次)科学家入选。中国有 148 位科学家(含港澳台地区)入选 168 人次。入选的 148 位中国科学家中,有 18 人同时入选两人以上领域;其中,东南大学曹进德教授和武汉理工大学余家国教授同时入选 3 个学科领域。

作为第一完成人,余家国获得国家自然科学二等奖 1 项、授权国家发明专利 23 项、省级自然科学一等奖 2 项、部级发明二等奖 2 项、省级科技进步二等奖 1 项、省级成果推广二等奖 1 项等专利和奖项。他主持的项目有 973 计划课题、863 计划课题、国家自然科学基金重大国际合作项目和重点项目等。

2014 年,英国《泰晤士高等教育》发布的亚洲大学前 100 名排行榜,武汉理工大学和其他 18 所中国大陆"985 工程"高校入围,武汉理工大学名列第 49 位;武汉理工大学也进入《泰晤士高等教育》2013—2014 年度世界大学前 400 名排行榜,位居 301—350 位,中国大陆有 10 所高校上榜。余家国的研究工作和发表论文、论文引用次数,为武汉理工大学进入亚洲 100 强以及武汉理工大学的材料、化学、工程三个学科进入 ESI 世界排名前 1%贡献了巨大的正能量。

❀ 个人简介 ❀

　　第六届全国优秀科技工作者吴顺清,男,湖北钟祥人,1949年10月出生。1973年毕业于武汉大学化学系高分子专业。中共党员。文博专业研究馆员,先后任荆州文物保护中心主任、书记(法人)。兼任出土木漆器保护国家文物局重点科研基地主任、全国文物保护标准化技术委员会委员、中国文物保护技术协会常务理事、中国博物馆学会纺织品专委会副会长、荆州市政府非文化遗产保护工程专家委员会委员、中国科技大学科技史与文物研究中心学术委员会委员。是我国文物保护科技领域竹木漆器和丝织品类文物以及考古现场文物保护的学术带头人。

　　1976年独创了漆器"真空加热干燥法",1989年起逐步优化完善"复合乙二醛法",2002年开创性地将生物法引入丝织品类文物保护。先后指导或参与了荆门包山楚墓、江陵马山战国墓、天星观楚墓、山东定陶汉墓、成都天回镇汉墓等重大考古发掘现场的文物保护工作;组织马王堆汉墓、北京房山金陵王墓、河南长台关楚墓等出土木漆器与纺织品保护项目以及长沙走马楼三国吴简、里耶秦简等保护项目100余项,使国家近7000件出土饱水木漆器、十余万枚竹木简牍、600件纺织品能够"延年益寿"。发表论文《用真空加热干燥法对古代漆木竹器进行脱水处理》《荆门包山二号楚墓中楚简的清理》《细菌纤维素加固古代糟朽丝织品及光老化特征研究》等20余篇。湖北科技攻关课题"马山战国楚墓出土丝织品保护研究"获湖北省政府科技进步二等奖;自选课题"生物技术在文物保护领域的应用研究"获国家文物局文物保护科学和技术创新一等奖。先后获全国文化系统先进工作者、全国文物保护工作先进个人、全国五一劳动奖章、湖北文化名家等多项荣誉称号。

❀ 心语 ❀

　　文物是历经沧桑的老人,文保是至诚至孝的后生。孝行无足以返老还童,却有助于延年益寿。

让沧桑的文物"延年益寿"

——记荆州文物保护中心主任、研究馆员吴顺清

吴顺清,40 年如一日辛勤坚守在文物保护科技第一线,主持或组织保护修复竹木漆器 7000 余件、竹木简牍 10 余万枚、纺织品 500 多件,让沧桑的文物延年益寿,为祖国的文化遗产保护科学和技术研究做出了重要贡献。

理科毕业"邂逅"沧桑文物

1973 年 12 月 13 日,是分配到荆州地区首批工农兵大学生报到的日子。点名时,工作人员对吴顺清说:"你想到荆州博物馆工作吗?""博物馆?没想过。""就这么定了,你这就去博物馆报到上班。"这名 24 岁的小伙子还来不及设想自己的人生,就这样"阴差阳错"地被分配到博物馆。他想,那地方虽然有神秘感,但印象中跟文物打交道的都是些戴着老花镜、拿着放大镜的老先生,老气横秋的。再说,他一个学化学的,到博物馆去干什么? 怎么想都觉得别扭、失望。

3 天后,他才勉强到博物馆报到。就是相隔这一天,同批分配来的大学生领到了一个月的工资,而他却只领到半个月的工资。人生的道路就是这么神奇。让他到博物馆工作,并非地区人事部门"乱弹琴",而是荆州博物馆主动提出来的。那是 1973 年初,国家文物局选调文物出国展览,荆州博物馆挑选了江陵凤凰山汉墓出土的几件精美木漆器送展。可当国家文物局的负责人看了后却说,这种没有经过脱水的器物"只能放在床旮旯"。荆州博物馆的领导从北京打听到,出土饱水竹木漆器类文物的脱水需要专业人才,这一般要从化学专业人才中挑选。恰巧在这个时候,吴顺清从武汉大学化学系高分子专业毕业分配到荆州地区,于是荆州博物馆从名单中挑选了他。

文物"土匪"潜心文保四十年

　　进馆不久,吴顺清就参加了著名的纪南城"考古大会战"。这次会战,1974年开始准备工作。1975年,在湖北省委省政府、国家文物局的领导下,成立了"湖北省纪南城文物保护与考古发掘工作领导小组",北京大学、四川大学等7所院校的师生及上海、天津等8个省、市的文物考古工作者前来参加纪南城的考古发掘工作,文物工作者将这一壮举称为"考古大会战"。此次会战为湖北省乃至全国培养了大批考古人才,极大地推动了中国考古事业的发展。在纪南考古现场,无论是酷暑逼人的夏季,还是严寒凛冽的冬季,在艰苦的野外工作条件下,吴顺清睡地铺,干脏活累活,风吹日晒,脸上黑乎乎的。时任国家文物局文物处处长陈滋德见到他时说:"你看上去像个土匪,想不到清理文物还挺细致的啊!"从此,"土匪"这一绰号就传开了。

　　陈滋德不会想到,他眼中的"土匪"日后成长为著名的文保专家,而文物"土匪"也成了吴顺清在考古现场进行文物保护的代名词与地位象征。在国家重大考古发掘现场总能见到他的身影:在被誉为"丝绸宝库"的江陵马山战国楚墓发掘现场,在出土司法文书简与卜筮祭祷简的荆门包山战国楚墓发掘现场,在出土青铜器、石质编钟、竹简等1000多件套的枣阳九连墩战国楚墓发掘现场,在出土竹木漆器、纺织品以及埋葬棺木最多结构最为奇特的江西靖安李洲坳东周墓葬考古现场,在

九连墩考古现场(右)

出土丝质荒帷(迄今为止世界范围内面积最大形制最完整)的荆州谢家桥汉墓考古发掘现场,在出土蜀锦织机模型、扁鹊学派医书以及人体经络髹漆人像的成都天回镇考古发掘现场,在出土漆木、骨、皮革、玉石等各类质地文物千余件的枣阳郭家庙曾国墓地考古发掘现场,在出土金器、青铜器、玉器、木漆器以及竹简木牍等珍贵文物万余件的江西南昌海昏侯墓考古发掘现场⋯⋯

矢志不渝研究出土饱水木漆器脱水

到博物馆报到后,当馆领导如数家珍般地将那些还泡在水里的木漆器指给吴顺清看并介绍说都是2000多年前西汉的器物时,他惊呆了。"你就给我专攻竹木漆器脱水的事,还有竹简也是。"时任荆州博物馆书记的高道成这样叮嘱他,此后继任的历届领导滕壬生、张绪球、彭浩等也都这样要求他。木漆器类文物是中华民族的伟大创造之一,也是中国社会发展史中的一枝瑰丽奇葩,距今至少已有7000年的历史。由于地质条件特殊,出土饱水木漆器数量尤以湖北为最。然而,木漆器出土后如果不能依照科学的方法及时进行保护,就会遭受难以逆转的毁损。因此,古代出土饱水漆器的脱水保护问题,一直是我国文物保护工作的研究重点之一。

在资料少、信息闭塞、缺设备、少经费的年代,馆领导给予了全方位的支持。时任博物馆馆长的滕壬生先生到库房指着一件件泡水器物跟他耐心讲解形制,还有北大历史系毕业的张绪球、彭浩先生为吴顺清恶补关于竹木漆器以及简牍的发展史。此间,他很幸运地在博物馆资料室找到《文物》《考古》、北京大学编的考古讲义以及一些考古发掘报告,印象最深的是马王堆考古发掘报告。最幸运地是在博物馆资料室找到一本关于文物保养技术的油印册子,吴顺清简直如获至宝。因为那是中国文研所翻译的英文资料,其保护对象涉及多种文物材质,介绍的技术也很广泛,而且,还是国际技术!吴顺清用了一个月时间,对于各种材质文物的保护方法都有了大致了解,其中关于木漆器方面的,他几乎都能背下来。

吴顺清知道,文物处理应该先看看先辈们怎么做的。在湖北省博物馆,陈中行先生很严厉,要他自己动手自己看!其间,靠着不懒的双手、嗅觉不赖的鼻子、不笨的脑子以及不差的记性,吴顺清心中有点底了。又一次机会来临,在湖南省博物馆,他见到中国文物研究所胡继高先生正在修复马王堆汉墓出土的六博盘。胡先生很和蔼,凡事亲力亲为,耐心讲解每一个细节,吴顺清进一步了解了木漆

器脱水修复的基本
要点。

吴顺清觉得按
照书上说的方法和
自己经手过的实
践,可以动手了,但
条件呢?他找了导
师卓仁禧、张先亮
等,他们非常支持,
出主意,给试剂,送
仪器,到荆州帮他
设计实验台,布水

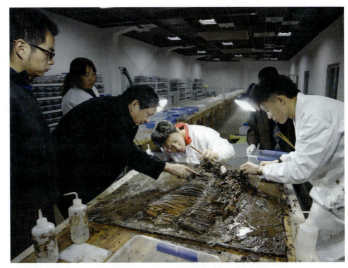

在海昏侯考古现场指导竹简清理(左三)

电线路。一排 5 间的实验室落成,在当时是多么气派啊!看着属于自己的实验室,
他想,武大的资深老师也就这待遇啊,我一定不辜负领导的期望。他到沙市补充购
买仪器、试剂以及玻璃器皿等试验材料,为节约运费,用板车拖着走几十里路,就
这样还耗费资金 2000 元。管财务的那个心疼啊,说,你怎么一次用这么多钱啦?看
别人考古的,几毛钱一个本子、一支笔就可以用几个月!

在卓仁禧、张先亮和刘高维等导师的辅导下,1976 年,吴顺清采取"真空加热
干燥法",在残片试验成功的基础上,对凤凰山 167 号古墓出土的漆木器进行应
用,一举获得成功。高兴没多久,他发现多数出土漆木器含水率在 450% 至 700%
之间,有的甚至在 1000% 以上,而真空加热干燥法仅适用于含水率在 300% 以内
的出土漆木器。不久,吴顺清的老师陈中行研究出乙二醛脱水新方法,它几乎适
用于所有出土饱水竹木漆器,成功率达到 100%,获文化部科技进步一等奖。由于
该项技术涉及保密,吴顺清只能在实践中以乙二醛为主要材料反复试验,最终摸
索出目前较为成熟的饱水木漆器脱水保护技术,成功应用于云南羊甫头、长沙马
王堆、北京金陵、成都天回镇等 100 余项木漆器保护项目。

呕心沥血消除出土糟朽丝织品病害

我国古代薄如蝉翼的丝织品精美绝伦,可考古现场所见的丝织品,要么化为

泥土,要么只能看不能摸,能够完整保留的凤毛麟角。20世纪80年代初,被誉为"丝绸宝库"的江陵马山一号战国楚墓出土的2300多年前战国绣罗单衣便是举世无双的国宝。可它出土十多年后发生了一些变化,质地发硬,纹饰板结,花纹黯然失色,无丝绸感,而且一碰就掉粉末。有什么办法能够让出土的丝织品恢复或保持原有的色泽和质感呢?一想到这些问题,吴顺清就寝食难安。

21世纪初,生物科学技术的辉煌使吴顺清灵机一动,似有所悟。他联合湖北省博物馆陈中行,同时邀请湖北轻工研究院工程师陈光利等人,在国内外同行中首次尝试运用生物技术对古代丝绸进行保护。回想起那段日子,吴顺清难以忘怀:没有资金自己出,实在没法就找亲朋好友借;没有实验场地,家就成了实验室。无数次的实验与失败总算换来了阶段性成果。2003年10月,该研究终于取得突破性的进展,得到国家文物局和有关专家的肯定。2004年8月,在对荆州马山一号楚墓出土的龙凤虎绣罗单衣进行清洗加固后,糟朽的丝织品不仅恢复了鲜艳的色泽,还能折叠。湖北省科技厅组织来自北京、南京、武汉等地从事文物保护、微生物及纺织方面研究的9位专家对吴顺清的这一生物方法进行了鉴定,一致认为:"将生物技术在古代糟朽丝织品保护上应用的研究是一项开拓性、原创性工作……为古代丝织品的保护技术开辟了一个新领域……达到国际领先水平。"

生物法处理出土丝织物,避免了化学或物理方法处理文物难以克服的弱点,如材料老化、化学物质残留、不安全等问题,而且减少对人体和环境的损害。《中国文物报》撰文说,该成果一经公布,令文保同行耳目一新。虽然在理论上还有待完善,但其为生物学方法在其他文物保护领域的成功利用奠定了基础,推动了文物保护行业科技创新工作的深入开展。

吴顺清利用这项成果,尝试性修复了故宫九龙画伞,修复后色泽如新。马王堆辛追夫人的一件出土丝质锦袍颜色灰暗,花纹暗淡,有破损且不易折叠,无法运输出国展览。吴顺清应用生物法对其进行清洗、加固和修复后,可以折叠装箱,使其顺利抵达法国展出;对荆州谢家桥一号汉墓出土的丝质荒帷(迄今为止世界范围内,40平方米面积最大,形制最完整)保护处理后,不再是原来的平摊展出,可以立体展出了。

吴顺清并不满足目前对于丝织品的保护修复技术水平,觉得这项研究工作离丝织品类文物保护的需求还有很大差距,需要更加深入更加系统的研究。

多措并举促进科技成果转化

好的科技创新成果应在实践中广泛应用，并且能够产生巨大的社会经济效益。吴顺清在加速科技成果转化进程中，结合自身实际，创新科技成果推广思路。提升了科技成果转化与推广能力。

针对出土木漆器、纺织品等类文物技术保护的需求特点，对适用性好、成熟度高、效益显著的科技成果以及授权的专利技术进行梳理、归纳、提炼、筛选、分类后，进行集成创新和引进消化吸收再创新，组装成适宜推广的集成技术。

由吴顺清负责编撰的工具书《出土竹木漆器保护技术手册》是《博物馆藏品保护丛书》（由国家文物局博物馆与社会文物司／科技司组织有关科研院所、高等院校和文物保护机构的专家、学者编写）之一。手册针对饱水竹木漆器的保护修复过程，包括从现场应急保护到入库保藏的全过程，普及和推广先进的保护修复技术和成功经验。

设立技术示范工作站。在湖南长沙、四川成都、山东济南、安徽合肥、江苏扬州、甘肃兰州建立了6个技术示范工作站。通过现场试验、示范、指导以及技术咨询服务等，验证研究成果的可靠性和有效性，以典型示范的方式培育科技成果转化的辐射源，让文物需求单位充分了解该项成果的优越性。

通过以上多项措施，科技成果推广成效显著。多项应用类科技成果得到推广应用，转化率达87%，使更多的出土竹木漆器、纺织品得到了及时、有效的保护。

创建文保科技新体系

近年来，吴顺清带领荆州文保中心先后为湖南、北京、陕西、河北、安徽、云南等16个省市的饱水漆器进行脱水保护或技术指导，只要有文物的地方都留下了他的身影。随着一批批珍贵简牍、精美漆器和千年丝绸的重见天日，荆州文保中心在中国文物界名声鹊起，成为首批国家文物局三大重点科研基地之一；吴顺清也在文物界崭露头角，成为中国文物界不可多得的文化名家、文保专家。但是，吴顺清不满足已取得的成就，他追求的目标是他的研究团队能走向世界，技术能领军世界。

他从长远发展目标出发，努力建立与自身科研发展相符合又适应本领域发展需要的科技创新体系。着重抓了两个方面的建设：一是人才资源建设，通过实施人才培养计划，采用多种模式提升综合服务能力。如以学科知识体系为重点，创新思维能力培养的学历教育模式；以专业知识和实践能力为重点，知识、技能并重的培训教育模式以及以职业岗位技能为重点的岗位培训模式等，以提高本单位技术人员的专业水平和实践能力。同时，强化开放合作，汇聚优秀科技人才，组建创新团队，组织科技攻关。二是条件资源建设，通过建设实验和推广基础设施、大型科学仪器技术装备以及科学文献等，极大地增强了自主创新能力。

荆州文保中心成为国家文物局认定的 22 家优质服务单位之一，拥有可移动文物技术保护设计甲级资质和修复一级资质，文物保护工程勘察设计乙级和施工二级资质。近年来荣获荆州市科技创新单位、湖北省人才工作十强科研院所、全国文物系统先进集体等多项荣誉称号。有一支包括化学、生物学、物理学、美学、博物馆学、管理学等多学科的人才队伍；有建筑面积 12800m² 的科学研究与推广用房；拥有显微红外光谱仪、扫描电镜、激光拉曼、超景深显微系统等专用设备；木漆器保护修复能力 800～1000 件 / 年，竹木简牍保护修复能力 10000～15000 枚 / 年，丝织品保护修复能力 400～500m² / 年。为国内 19 个省市 80 多家文博单位组织或主持编制文物保护方案近 200 项，实施文物保护项目 100 余项。如长沙马王堆、北京金陵漆棺、成都船棺等竹木漆器类文物 7000 件(套)；荆门葛店楚简、长沙里耶秦简以及走马楼三国吴简等竹木简牍类文物 10 万枚；毛泽东纺织品遗物、荆州马山战国丝织品等纺织类文物 500 多件。正如国家文物局负责人所称：荆州文保中心不仅是荆州的，也是湖北的，更是国家的，它在文物保护领域发挥着越来越重要的作用。

让木器漆重现昔日艳丽，让发黑竹简"开口说话"，让千年古丝绸"返老还童"。作为出土竹木漆器、丝织品等有机质文物保护的学术带头人、荆州文物保护中心的主任，吴顺清的重要性不言而喻，但名声、地位的变化并不能停止他追求文物保护新技术的步伐。从无意间"邂逅"文物保护，到为之工作数十载，吴顺清已 66 岁了，早过了法定退休年龄，然而他坚守最后一班岗，奔波于全国考古现场或技术示范工作站。他说，要为祖国的文化遗产保护事业赢得宝贵的时间和空间。

何婷婷

第六届全国优秀科技工作者何婷婷，女，籍贯湖北浠水，1964年4月出生于武汉。1985年武汉大学计算机系硕士毕业，2003年华中师范大学语言学系博士毕业，获博士学位。中共党员。现任华中师范大学计算机学院院长，教授，国家语言资源监测与研究网络媒体中心主任。兼任湖北省计算机学会副理事长，湖北省高教学会计算机教育专业委员会主任，ACM武汉分会副主任，中国中文信息学会常务理事。科研方向为中文信息处理、信息检索、网络媒体监测、文本挖掘、数据库。

重要科研成果是汉语网络媒体语料库及网络媒体监测分析系统。公开发表论文100余篇。

心语

计算机技术给人类社会生活带来了巨大改变，我作为一名计算机领域的从业人员由衷感到自豪和骄傲。

跨界学者"钟情"网络语言

——记华中师范大学计算机学院院长、教授何婷婷

"高端大气上档次""爸爸去哪儿""小伙伴们都惊呆了""待我长发及腰""喜大普奔""女汉子",很难将这些时髦词语和华中师范大学计算机学院院长何婷婷联系在一起。不过,她确实是那个用科学的方法告诉公众"这一年网络上什么词语最流行"的人。

每一年,何婷婷和她的科研团队都要运用海量的数据统计和计算,客观地反映中国人在网络上的网络语言生活。

2013年,何婷婷作为首席科学家,获得国家哲学社会科学基金重大计划项目"互联网环境下的语言生活方式与建设和谐的网络语言生活研究"。长期以来,她作为第一负责人主持或作为子课题负责人参与国家级及省部级项目近20项。在国际国内重要的学术期刊与会议上发表论文100余篇。2010年获得湖北省科技进步一等奖;2011年获得武汉市科技进步二等奖;2012年获得湖北省科技进步二等奖、文化部创新奖;2013年获得武汉市优秀科技工作者奖、湖北省创新创业奖;2014年获得武汉市"三八"红旗手荣誉称号、全国优秀科技工作者。

指导学生做实验

与"代码"相识的起源

1981年,"十年动乱"之后的整整一代人都对科学充满了向往。怀着远大的理想和抱负,何婷婷在那个"科学的春天"以全校理科第二名的成绩进入武汉大学计算机科学系。那是全国最早建立的计算机科学院系之一。

"为什么要学计算机?那个年代没有什么兴趣的说法。"何婷婷说,这是当时成绩好的理科生的必然选择之一。

虽无兴趣可谈,但是偶像的作用在那个年代不可小视。何婷婷读书时最崇拜居里夫人,读大学的时候没有什么钱,但还是狠下心买了《居里夫人传》。

就在何婷婷进入大学两个月前,微软花了5万美元从另一家公司购买了那个占据个人电脑十多年的DOS系统,这个著名的系统和IBM的PC一起加速了计算机的普及。何婷婷隐约意识到,计算机

与团队成员交流(中)

对社会的发展将起到重要的作用。

与当下计算机专业的学生不同,20世纪80年代的学生有着他们独特的学习经历。何婷婷不时回想起那段因为机时有限而必须在纸上手写程序代码然后去计算机中心排队上机调试的日子。

"通宵上机是很正常的。"何婷婷说,手写代码的训练让她们那代人有着比现在的学生更强的抽象思维能力,尽管后者的动手能力无疑胜过前者。

到了读研的时候,何婷婷开始接触小型机。每天一大早去机房等着开空调,等温度降下来才能开机,那种实验室生活成了她的习惯。

参加2005年中国语言生活状况报告发布会(右一)

毕业后,何婷婷选择到华中师范大学任教,成为当时该校第一位拥有计算机专业硕士学位的老师。

一个女生,从此完全过起了整日与代码打交道的日子。代码,在他人眼中堪称枯燥,但在她心中,犹如"艺术作品"一般。

计算机和语言学的融合之路

何婷婷不是第一个想到可以用计算机去处理语言问题的人。1999年,华中师范大学副校长、语言学教授李宇明预见到用计算机去处理语言问题会成为一个很重要的方向。那一年,他决定首次招收计算机专业的学生来攻读语言学博士,何婷婷有幸成为中国最早的计算机与语言学交叉的博士之一。

读李宇明的博士对何婷婷来说是一个很幸运的机会——她的导师按照中国传统的人才培养模式,安排她到全国最重要的科研院所游学,这为她在此领域的深入学习和科研提供了广阔的机会和平台。

何婷婷说,她读博期间在北京接触了很多计算机领域和语言学领域的大家,跟他们的学习交流对自己的思维模式、学术训练起到了很大的影响。

几年之后,虚拟世界风起云涌,互联网在中国得到急速发展,网络语言在社会上也受到越来越多的关注。

2005年,出于建立一种对社会语言生活进行实时监测和规范引导的长效机制的目的,我国决定建立国家语言资源监测与研究中心,包括平面媒体、有声媒体、网络媒体、教育教材、海外华人社区等5个监测与研究分中心。

事实上,何婷婷在博士阶段就从事计算机语言处理和语料库相关研究和标准制定工作,在网络语言处理方面打下了坚实的理论和实际应用基础,同时拥有计算机和语言学背景的她在这一领域具有交叉学科优势。在多方争取努力之下,"国家语言资源监测与研究网络媒体中心"在华中师范大学落户。

在这个更高的国家级平台上,何婷婷厚积而薄发。

中心现已成为国际国内在汉语网络媒体语言监测领域有较大影响的科研平台,多项研究成果填补了国内空白。

2006年,网络用语作为一个新兴事物对语言生活产生了巨大的冲击,成为社会关注的焦点与议论的热点。何婷婷带着十多位硕士研究生对近6年来的网络论坛进行监测、搜集与统计分析,下载了清华、浙大等7所高校2000年以来的230多万个BBS网页,绘制出网络语言的流行曲线,并于年终通过国家语言文字工作委员会发布了一份网络语言生活报告。这份报告第一次基于大规模的统计分析,揭示了中国人网络用语的使用情况。在媒体报道中,何婷婷被形容为"与时髦网络语言相伴的铁杆网民"。

在之后几年,随着中文博客的井喷式发展,何婷婷及时提出了新的研究课题。2010年,她组织了对17万个博客、1200万篇博士论文的大规模文本数据分析,试图了解博主的行为特点和意见领袖的舆论引导模式。

与学生合影(后中)

2012 年开始,何婷婷和年轻的项目组成员从不断完善的庞大"语料库"中提取词汇,发布年度十大网络用语。也是在同一年,以她为首席科学家的团队获得了"互联网环境下的语言生活方式与建设和谐的网络语言生活研究"这一国家社科基金重大招标项目。这是华中师范大学第一次拿到交叉学科的此类项目。

在众多国家、省部级项目成果之中,何婷婷最看重的却是"语料库"这个她从博士阶段就开始着手的基础性研究。这个数据库从 2005 年开始,不断地从网络新闻、博客、BBS 和微博中抓取数据,成为她在网络语言研究领域的"核心技术"。

她和其研究团队采用大数据分析方法,基于大规模的论坛、博客、网络新闻数据提取年度十大网络用语,克服了人工专家提取分析数据的主观性与观察数据规模的局限性,使数据更具有客观性与科学性。这些成果得到社会各界的高度关注,中央电视台(新闻联播、焦点访谈)、新华社、新浪网、人民网等众多主流媒体都在第一时间报道。

她将计算机科学、语言学等学科相结合,作为主要负责人开创并实现了多项基于海量网络文本的网络语言生活状况实证调查的技术路线和方法,在基于语义的文本内容分析技术方面拥有多项具有自主知识产权的原创技术,主持构建了集动态性与稳态性、历时性与实时性相结合的汉语网络媒体监测语料库,研发的网络媒体监测分析系统能够实时分析、提取特定网站的大规模文本信息,为政府、企业提供决策咨询。

自 2005 年以来,基于网络媒体语料库,何婷婷主持撰写的关于网络语言生活实态的十多篇年度报告,每年都由国家语言文字工作委员会收录到年度《中国语言生活状况报告》公开发布;2007 至 2011 年,她带领国

在上海嘉定开展技术培训

家语言资源监测与研究网络媒体中心携手新浪网、商务印书馆举办了多届"年度汉语盘点"活动；2012至2015年，她领导发布了年度十大网络用语。以上这些活动已成为国内颇具影响力的文化品牌活动，

与2015届硕士研究生毕业留影(中)

为国家、社会民众提供了全面了解网络语言生活与社会热点的窗口。

"我们做的不少事情都是第一次做。"相比过程，何婷婷更加愿意谈一个个技术难题被攻克之后的释然。她说，知识分子都会有自己的理想。个体的力量虽然有限，但是她能够从每一个微小的数据的计算之中感受到科研带来的喜悦。

理想未变

何婷婷说他们这代人亲身经历了计算机如何改变人类的生活方式，她相信自己对计算机职业那份理想化的热情无法被今日的学生轻易理解。

"计算机专业毕业生能找到很高薪水的工作，可是他们往往并不觉得自己的职业有多么重要。"

"别人说我们是'码农'，其实'码农'也是很崇高的职业。"这个词语被计算机从业人员用来自嘲，以展示这份工作机械而枯燥的一面，但是何婷婷无视这种普遍的困惑，固执地在课堂上传递她对程序的热爱。

她说，比尔·盖茨、乔布斯、马云、李开复等都是这个行业的骄傲。何婷婷没有掩饰自己的英雄崇拜情结，尤其当她流露出"每个人都会有遗憾"的时候。

1987年，小米科技创始人雷军刚刚进入武汉大学计算机系的时候，他的"学姐"何婷婷已经决定了自己的道路。

"特别喜欢当老师。"她说,这是来华中师范大学的原因。当年毕业时,计算机专业"就业特别好",各行各业都需要这样的毕业生。

现在何婷婷已经在大学教师的岗位上工作了27年,和很多人一样,她也有无数的机会离开大学,但真正热爱的,仍是教书,培养学生。

从当年为硕士研究生和行政干部上计算机基础课开始,何婷婷至今依旧坚持给本科生上专业基础课,指导本科生的毕业论文,担任本科生导师。同时她也指导硕士研究生、博士研究生。在传授知识的同时,她注重拓宽学生专业视野,注重学

国家语言资源监测与研究网络媒体中心

生研究能力、创新能力、实践能力的培养;对学生严格要求,言传身教,关心学生成长,努力培养学生积极向上、乐观善良、不怕困难、团结互助的优良品格。她曾多次获得湖北省优秀硕士论文、优秀学士论文指导教师,2014年还获得华中师范大学"我心目中的好导师"荣誉。

"建筑师能够指着一座桥说,那是我的作品,那是我为社会做的贡献。"何婷婷说她对学生不仅仅教授知识,同时也在传达爱和责任感,通过自己面对学生的一言一行去改变世界。

这也是她始终未变的理想主义,"很强的理想主义"。

梅梅

第六届全国优秀科技工作者梅梅，女，湖北武穴人，1963 年 10 月出生于武穴梅川。1981 年 9 月毕业于湖北省黄冈卫校护理专业，本科学历，学士学位。中共党员。在湖北省鄂州市中心医院从事科研教学工作 26 年，主任护师。任鄂州市中心医院学术委员会秘书长，鄂州市市医学会副秘书长，武汉大学生物医学工程校外硕士生导师。湖北省享受政府津贴专家。

在科研管理及人才培养上积累了丰富的管理经验，开展了多项护理和管理方面课题研究，善于发现问题、总结经验，先后在《中华医学科研管理》《中国医院管理》《现代医院》《中华现代护理》《解放军医院管理》《护理研究》《护士进修》等多种权威杂志发表学术论文 50 余篇，其中 1 篇论文获得"湖北省自然科学优秀论文三等奖"；出版和参与学术著作编写 5 部。主持和参与科研课题研究 15 项，其中有 5 项课题列入省市级科研计划项目，有 1 项技术获得了国家实用性专利技术，有 8 项成果获省市级科技进步奖。

心语

读书和学习就是在和智慧聊天，让人保持良好的记忆力和感悟力。

梅花傲雪香满园

——记鄂州中心医院科教科长、主任护师梅梅

梅花，以其高洁、坚强、谦虚的品格，给人以立志奋发的激励。在严寒中，梅开百花之先，独天下而春。在鄂州市中心医院科教科，总能看到一个忙碌的身影，查找资料、分析设计方案、课题申报、课题资料审核、组织学术交流、举办新知识新技术培训班……她就是被人称为"工作狂""拼命三娘"、有着与梅花一样美好品质的"梅梅"。

"拿自己的学识为别人服务"

20世纪90年代初，梅梅忐忑不安地接任了科教管理工作之后，感到肩上沉甸甸的。对她来说，这是一个极富挑战性的岗位。

在办公室工作

科教管理，就是负责医院科研、教学工作的组织与管理。科研、教学则是敢为人先和先人所知的两项工作，均贵在"先"字上，具有"新"的特点。那么它对从事这项管理工作者的要求也是可想而知的。

马克思说："科学绝不是一种自私自利的享

乐。有幸能够致力于科学研究的人，首先应该拿自己的学识为人类服务。"梅梅深知，初入科教管理之门，光靠一腔热情是行不通的。要学会管理，首先必须从管理理论入手。她对自己狠狠地说：不会就学吧！拿自己的学识为别人服务。

主持科教科工作会议

《简明医院管理学知识》《医院管理学》《医学科研设计》《临床医学研究基本方法》《中华医学科研管理》……梅梅从大量的专业书籍、杂志中学习借鉴科教管理的方法与程序、理论与经验，并结合本院工作实践，从建章建制开始，逐步落实管理目标。与同事交流撰写论文体会时说，她说自己喜欢带着问题阅读文献，总能找到解决问题的方法，得到科研的灵感和启迪。

1995 年在"湖北省医学科技管理与创新年会"上，梅梅作为地市级医院唯一的代表介绍了基层医院开展科技创新管理经验，同年还参加了全国医学科技管理经验交流会。

短短时间内，她不仅理顺了医院科研、教学管理的组织程序与组织网络，还建立了完善的科教管理制度，使医院科研、教学工作开展得有声有色。但对这一点，她并未满足。她觉得单有管理知识是不够的，要想把科研、教学深入下去，必须具备相关的专业理论知识，从而更进一步指导管理。1998 年至 1999 年，她负责湖北医科大学鄂州首届研究生班教学管理，在完成接待、组织与管理任务的前提下，她借此机会悄悄跟班学习了"医学统计学方法""医学科研设计""科研查新检索"等几门硕士生课程，为其管理水平的提高打下了良好的理论基础。

1997 年初，医院引进了 1250 毫安 X 光机，在鄂东南地区率先开展了临床介入诊疗技术，并在心脑血管疾病、肝脏肿瘤、妇产科疾病等推广应用。此项技术最初从国外引进，介入诊疗书籍国内外专家撰写比较多，相关护理技术配合书籍很难找到，便赶紧到武汉同济医科大学图书馆查询检索，的确没有系统的介入护理学方面的专著。她立马借回了十来部介入诊疗书籍，找来各科护士长，把自己撰写《临床介入护理学》的想法告诉她们，希望她们参与和支持，并拿出了撰写专著的思路和方案，得到大家的积极响应。她们历时9个月终

在武汉大学生物医学工程硕士学位班研讨会上交流工作经验

于完成了的撰写。当样稿送给介入诊疗专家审阅时，专家们大加赞赏："了不起呀！方向瞄准了，选题很新颖，为广大的护理工作者参与介入诊疗护理提供了系统而全面的护理指南，是一本好书！"《临床介入护理学》正式出版后，经省级专家评审，被湖北省科技厅授予"湖北省重大科技成果"，并于2001年获得"鄂州市科技进步三等奖"。

2004年为了解鄂州地区高血压性脑卒中患者的发病因素，她组织9名医护人员历时4年对1322例患者进行了系统的流行病学调查，总结分析了高血压性脑卒中发病的相关因素，为预防和诊疗此病提供了可靠而真实的科学依据。

由梅梅负责完成的"综合性医院临床Ⅰ类新技术准入评估标准构建及管理方法的应用"项目，是根据她自己在平时科技管理中Ⅰ类新技术准入问题设计的一项应用性课题，于2013年通过省级专家鉴定，2014年被评为鄂州市科技进步一等奖。她想将此课题进一步完善并在同级医院推广应用，计划研发成信息化软件。此项目于2013年列入湖北省卫生与计划生育委员会卫生政策重点项目。课题后期基本完成，目前尚在筹备专家验证事宜。

为医院"上等达标"创造硬件

科技水平的高低决定着一个医院的整体服务水平。医院要想"上等达标"，没有一定数量的高水平科研成果是不行的。

梅梅坚韧不拔地走在求学与管理的道路上，不断探索，不断提升，为医院"上等达标"创造硬件，极大地促进了医院科技发展，一年一步新台阶。

2012年，鄂州中心医院科技创新的热潮再次掀起。2011年6月，医院从湖北省人民医院聘请来一名学者兼管理型的院长。新的一届领导班子确立了"质量立院、人才强院、科技兴院"的发展战略，要求科教工作要在"强学科、育人才、提内涵"上下功夫。此时，梅梅更加忙碌了。

为了全面提升专业人员的科技创新积极性，进一步提升科研能力。她按照医院综合目标要求，连夜制定科研目标考核方案，完善和修订了"院科技兴医奖励办法"，根据"三级甲等医院新标准"和科室人员学历、职称不同分层下发科研、论文、人才培养年度计划和指标，做到科室有任务，人人有指标。年末对照计划进行考核，并对获得科研成果、新技术、发表论文、出版专著者给予重奖。

由于多措并举，2012年医院科技再显新成效，当年有6项课题列入院级科技项目，有3项课题列入省卫生科研基金项目，获得项目经费21万元；有3项课题通过省级专家鉴定，均达到国内领先水平。据统计，全院专业技术人员全年发

参加生物医学工程硕士研究生课题设计答辩

表论文242篇，同比增加278%，其中统计源期刊112篇，同比增加303%，并首次达到新的综合性三级甲等医院的标准。专业人员主编专著4部，参编专著17部，医院发放科技奖励基金20余万元，奖励对象455人次，占科技人员45%以上，创下历史新高。

二十多年来，鄂州中心医院由梅梅亲自组织完成的科研成果鉴定高达100余项，其中获省级科技进步奖21项、市科技进步奖55项；申报获得省市级科研计划项目60余项，组织出版医学专著125部，获得国家专利技术23项，其中3项技术为发明专利。特别是2014年全院获得鄂州市科技进步奖5项，鄂州市科研计

划项目 17 项,湖北省卫生科研计划项目 10 项,其中 3 项为重点扶持项目,有 5 项课题通过省级专家鉴定均达到国内领先水平。

这些数字看似平常,但对地市级医院来说的确非常不易。数字是枯燥的没有生命的,但往往也最能说明问题。这些数字凝结了梅梅的智慧和心血,她为之付出的艰辛旁人难以体会。

"有梅梅把关,我们绝对放心"

有技术创新,医院才有活力,医疗质量和安全才有保障。科学研究是实现技术创新的重要途径,是催生新知识、新技术的基本手段,是推进医院发展的助推器。科技水平的提高离不开科技工作的开展,而科技工作的开展则离不开领导的关心与支持及广大科技人员的积极参与。

医院领导鼓励临床科室带头人带领学科团队以临床为依托,找准本学科发展方向,结合区域特点,突出学科特色,把握学科研究方向,由浅入深开展课题研究,积极申报课题,总结临床经验。

作为一名科技管理工作者,梅梅深知,工作不是靠一两个人的拼搏,而是要依靠一支优良的专业队伍和一个训练有素的专业团队为之奋斗。只有汇集大家的智慧和才干,才能使科技工作出新成果、有新突破。为此,她积极鼓励广大科技人员参与科研活动,申报科研课题。为充分激发大家的热情,她对科研管理体制进行大胆的改革,创立了科研重点项目基金和科技奖励基金,推出了一系列促进科技工作开展的新的管理措施与奖励办法,鼓励全院科技

在花海中

人员多出成果,快出成果,出高水平成果。

对选题好、新颖实用、科学性强的课题,梅梅总是穷追不舍,并做好跟踪服务。比如项目申报、立项、查新、鉴定、报奖等,尽心尽力去争取,从不放过机会。

对于科研人员申报的每一项课题,梅梅总是全身心的投入,认真分析科研设计方案、实施过程及研究结果,然后提出有价值的指导意见。课题完成后,她认真细致地做好鉴定筹备工作,每道环节真正做到了一丝不苟、环环紧扣。这为

傍晚在鄂州洋澜湖畔

鄂州市中心医院课题顺利地通过鉴定奠定了扎实的基础。对于这一点,她经常受到上级科管部门的好评与表扬,他们常说:"梅梅筹备鉴定会的确细致、认真。有她把关,我们绝对放心。"

"为他人做嫁衣我乐意"

在一般人看来,医院科技管理工作是为他人做"嫁衣"的事,服务性很强,可谓是在繁杂的事务中,燃烧了自己,照亮了别人。可梅梅不这样想,她很乐意,已经把它作为自己的一项事业来做。省内综合性三级医院许多科教科负责人干几年后,要么提升,要么换岗。唯有梅梅,一干就是二十六年,这可在省内是绝无仅有的。

对基层医院科技人员开展科研工作,她总是竭尽全力,就像对待自己的课题一样。正是因为梅梅为这些琐碎繁杂的工作铺路,才会有医院课题的顺利通过鉴定、成果的获奖、论文的发表。也正是因为一篇篇论文顺利发表,一项项成果获得奖励,才会最大限度地激发了科技人员的热情,对于梅梅布置的科教任务,各学科均不敢怠慢,认真落实,按时完成。

她白天在办公室忙于日常事务,晚上在家审核科研资料或赶写会议材料,一

熬就是深夜一、两点，第二天还照常上班。科研工作经常还要与省级部门联系，总是强忍着颈腰椎间盘突出引起的疼痛不辞辛苦地往返于鄂州与武汉之间。眼眶熬黑了，人也累瘦了，但为医院赢得了荣誉，为科研人员新添了业绩。

近几年，医院科技成果多，获奖证书多，被人们传为佳话。尽管这些科技奖励证书上没有体现她的任何功绩，但是她总觉得，医院获得的荣誉，就是对她工作的最大认可，同事们获得的奖励证书就是对她辛勤劳动的慰籍，她付出的心血是有价值有意义的。

谈及医院的科研成果，梅梅特别自豪："说真的，基层医院科技人员临床工作任务重，科研条件有限，搞一项课题的确不容易。我就给予协助、指导甚至代劳，不然难以成形。能帮的尽力帮，能做的尽力做。经过我组织的近百项成果，均饱含我的心血、汗水。我们临床科主任常说没有我的帮助，成果难成。此外，我差不多是鄂州卫生系统的科研义务指导员，目前即使不在科研岗位了，也是经常电话、网上联络。"

梅梅还兼职鄂州市医学会副秘书长，市医学会大量的组织协调工作依托医院来完成。为活跃学会气氛，她每年积极组织和参与市医学会开展各项学术活动30余次，如学术会议、出版学术刊物、成立学术团体、下基层送医送药等工作。二十多年来，对于梅梅来说，时间格外宝贵，总是不够用，经常加班加点，白天做不完的事项带回家继续做。

身为母亲，梅梅总觉得愧对儿子，用在他身上的精力实在太少了！她坦言："家人对此也有想法，先生工作也很忙，我们基本各忙各的。儿子在身边期间还较听话，叛逆期我是以书面形式交流较多，电话遥控，常常说一句'听话哈！'同事开玩笑说'听谁的，听墙壁的话？'最担心的是放假，没有人管，就送兴趣班混时间，不是为了学什么，主要是有人管。"

不过让她感到最欣慰的是，儿子还真的比较听话，现正在华农攻读博士，也是整天待在实验室里专心搞研究，马上公派去日本研修。梅梅笑呵呵地说："好像有点遗传呢！"

梅国强

　　第六届全国优秀科技工作者梅国强,男,湖北武汉人,1939年3月出生于湖北省黄陂县(现为武汉市黄陂区)。1964年于湖北中医学院(现为湖北中医药大学)六年制中医本科毕业并留校任教,中医学专业。中共党员。现为湖北中医药大学教授、博士生导师,主任医师。曾在广州中医药大学兼职博士生导师,全国第三、第四批名老中医学术经验继承人指导老师。曾任中华中医药学会常务理事、中华中医药学会仲景学术专业委员会顾问、国家自然科学基金评委、湖北省科协常委、湖北省中医药学会秘书长及副理事长、湖北省中医药学会仲景学术专业委员会主任委员。

　　多次主持和参编全国中医院校《伤寒论》教材及教学参考资料。其中,由梅国强主编的21世纪课程教材《伤寒论讲义》2005年获全国高等医药院校优秀教材一等奖。另外主编了《伤寒论多选题评述》《伤寒论多选题库》《乙型肝炎的中医治疗》等多部著作,指导和审阅《实用中医心血管病学》《实用中医临床系列丛书》《伤寒论研究大辞典》等十余部专著。在国内外重要学术刊物上发表论文40余篇。1982年在河南南阳首届中日仲景学术交流会上,其《仲景胸腹切诊辨》论文被日本东洋学术出版社收入《张仲景学说的继承和发扬》一书;1987年《扩大<伤寒论>方临床运用之途径初探》论文(其后经补充修订,再次发表时将标题中"扩大"改为"拓展")为经方广泛运用于临床奠定了理论基础,具有很高的学术价值。

　　曾获"湖北省有突出贡献的中青年专家",享受国务院和湖北省政府特殊津贴。获中华国际医学交流基金会颁发的"林宗扬医学教育奖",获"湖北省知名中医""湖北省中医大师""全国优秀科技工作者"等荣誉称号,获湖北省人民政府学位委员会和湖北省教育厅颁发的"湖北省优秀研究生导师"称号,获中华中医药学会首届中医药传承"特别贡献奖",获湖北省教育系统"三育人"先进个人称号。入录《当代中国中医名人志》和《当代中国科技名人成就大辞典》。

心语

　　生命不息,求索不止。

　　努力提高临床疗效是发展中医学术的硬道理。

杏林花竞放　小窗一剪梅

——记湖北中医药大学教授、主任医师梅国强

习近平总书记指出，中医药学是"打开中华文明宝库的钥匙"；刘延东副总理则强调，中医药是国家五大优势资源之一；国家卫生计生委副主任、国家中医药管理局局长王国强认为，医改、中华文化伟大复兴"都离不开中医药"。

国医大师孙光荣曾说过："中国凡是有人的地方，就一定有中医。过去如此，现在如此，将来一万年也是如此。""中华兴，中医兴；中医兴，中华兴"。

中医药是国粹，是国宝。下面我们就来见识这样一位中医药的传承人——梅国强。

为了继承和发扬名老

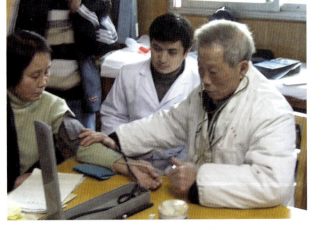

在湖北省中医院国医堂出诊

中医药专家的学术经验和技术专长，培养造就高层次中医临床人才，"全国名老中医药专家传承工作室项目——梅国强传承工作室"于 2010 年 11 月成立。梅国强经常在这里为传承团队授课、接纳访客等。77 岁高龄的他，齿发无损，身板硬朗，精神矍铄，思维敏捷。据他的学生介绍，"梅教授虽为湖北中医大师，可为人特别低调，从来不接受任何采访。有时我们写他的事迹都是真实的，但他非要删除不可，说是不能为他歌功颂德"。

他毕生钻研岐黄之术，虽早已登堂入室，桃李满天下，仍学而不懈，与时俱进。

"读经典，跟名师，早临床"

梅国强，出生于中医世家，幼年即受家学熏陶。进入中医学院后，长期师从医林耆宿洪子云教授，竿头日上。他以五十余载之刻苦钻研，熟谙《内经》《伤寒论》《温病条辨》等中医经典著作，勤求古训，博采众长，治学精勤，善于发皇古义，融会新知，撷采众长；临证以内科为主，尤其以心血管、胃肠疾患见长，并善治妇、儿、皮肤科的某些病证；尤于伤寒学之研究，穷尽心力，师古而不泥，创新而不浮，在医、教、研诸方面颇多创见。

他认为，学习、发展和传承中医一定要"读经典，跟名师，早临床"。

梅国强常言，学习中医要从经典入手，不读《内经》则基础不牢固，不读《伤寒论》则临床治无法度、依无准绳。《温热论》《温病条辨》等温病学专著也是中医学子必读之书，是指导中医临床不可或缺的重要部分。难能可贵的是，他摒弃了伤寒学说与温病学说的门户之见，而提倡寒温融合，强调温病是对伤寒学说的继承和发展，临证时应明辨寒温之区别与联系。如他常用小陷胸汤合左金丸加味治疗慢性胃炎、消化性溃疡等，症见胃脘部或痛或胀或痞或呕恶、苔白(黄)厚、舌质鲜红或绛者。其中一个非常重要的理论依据就来自于清代温病四大家之一叶天士的《温热论》所言"白苔绛底者，湿遏热伏也"。

恩师洪老对梅国强的谆谆教导使他受益匪浅，由此他深刻体会到，跟名师是学好中医必不可少的一环。不管是在工作室还是在学校门诊（国医堂），他都细心、耐心地向学生讲解《内经》《伤寒论》《温病条辨》等中医经典著作中晦涩难懂的条文，将

2007 年参加湖北中医药大学中医临床基础学科研究生答辩

毕生所学、所悟毫无保留地传授给学生，有时也跟学生分享自己学习成长历程中的经验、教训和逸闻趣事。梅国强常常结合大量的典型病例示教，深入浅出地为学生讲授中医理论和他自己的心得，以期用临床疗效来验证理论。每次遇到

在湖北中医药大学国医堂带教学生，亲自讲授如何在临床实践中辨患者的舌象

典型案例，他都会详细介绍该案例与书中的哪条经文或者哪个方证相对应，以及他是从哪个角度来思考的、如何与实践相结合的，等等。如有一次他讲到桂枝汤为《伤寒论》群方之首，以配伍严谨、功效卓著而倍受赞誉，而一般人只知晓桂枝汤可以用来治疗风寒感冒，殊不知"本方内证得之，不惟调和营卫，并因之而调和气血、燮理阴阳、舒通经络，犹且肺主气属卫，故能上达清窍、外合皮毛；心主血属营，故内通于心，外及血脉，下关冲任。此机体固有之内在联系，亦本方证治广泛之渊薮。由此反观前所引述，无不在其适应范畴之中"。于是他大胆拓展桂枝汤的临床应用范围，除了用于治疗风寒感冒以外，还治疗过敏性鼻炎、慢性支气管炎、内伤发热、心动过速、心动过缓、失眠、汗证、银屑病等。

梅国强提倡并鼓励广大杏林学子应尽早临床实践，反对单纯的为理论而理论。他主张，在学生完成了中医的基础理论学习且经过了一段时间的临床跟诊以后，应尽早放手让学生对各种急慢性疾病特别是疑难重症独立思考、独立处理，以便培养和锻炼其辨证论治的能力。此外，他强调临证必须四诊合参，以求精准辨证：望诊观神察色，辨患者体质、形态；闻诊辨五音、五声，以声音之韵分别五脏虚实寒热之变；问诊查明病情，分辨阴阳，判断寒热，审明虚实，再加以望舌切脉，对患者的病因病机做最终判断。

多年来，他在专业上指导和提携的后辈不计其数，其中相当多的人继承了梅国强的医术和医德，已经成长为中医学术发展和传承的中流砥柱。

拓展经方临床运用

梅国强指出,中医学是以中国古代哲学思想——精气、阴阳、五行学说为哲学基础。从天人相应观念出发,就产生了人体的生理、病理状态与上述哲学思想紧密联系的学术体系,概而言之,就是中医以整体观念为指导思想,脏象(脏腑)经络学说为理论核心,因时、因地、因人制宜,四诊(望、闻、问、切)合参,审证求因,审因论治,以辨证论治为特点,故依据这一规律作出的诊疗方案必然是个体性的。"治未病"思想,一是未病先防,二是体现在未盛防盛,未变防变,未恶化防恶化等方面。

纵观古今中医名家运用经方,其立法处方虽然以中医学第一部辨证论治的专著——《伤寒论》中所记载的原方为基础,但是如果能在临床实践中巧妙地灵活运用,则常常能拓展原方的主治范围。梅国强在长期的教学、临床摸索中,深刻领悟到《内经》《伤寒论》《温病条辨》等中医经典的生命力在于经典中蕴涵的方证理论与辨证论治的方法。医者只有真正掌握了经典名著中方与证相关规律及方证理论之精髓,才能在诊治患者时处变不惊,得心应手。

经过多年努力,梅国强刻苦钻研经典理论,将伤寒学说与温病学说融为一体,并验之以临床,总结出拓展《伤寒论》方运用之八大途径,从而建立了一套较完善的拓展经方运用理论体系,形成了自己独特的诊疗思路,为后世学者深入理解仲景六经辨证之精髓,全面掌握经方灵活运用之机巧,执简驾繁,以不变应万变,提供了登堂入室之阶。

此外,梅国强深知,中医学是在中国古代文化的背景下产生的,是中国优秀传统文化的组成部分,所以中医的学习之路应当借助传统文化来展开和疏通。

在广州中医药大学附属医院查房

擅用柴胡类方

小柴胡汤在《伤寒论》中是治疗少阳病之主方,具有和解少阳、疏泄胆火、扶正祛邪的作用。本方广泛施治于临床各科,为后世所推崇,究其原因,梅国强提纲挈领地作了解答,"本方寒温并用,攻

在湖北中医药大学国医堂带教2名高级职称学徒

补兼施,升降协调。外证得之,重在和解少阳,疏散邪热;内证得之,还有疏利三焦、条达上下、宣通内外、运转枢机之效"。在此基础上,梅国强通过多年临床实践总结撰写出《加减柴胡四物汤临证思辨录》《增损柴胡加龙牡汤临证思辨录》《加减柴胡桂枝汤临证思辨录》《加减柴胡陷胸汤临证思辨录》《加减小柴胡汤临证思辨录》《加减柴胡温胆汤临证思辨录》等文,是立足于提高临床疗效、依故说而求新知的成果,一经发表,便引起业界广泛关注和高度肯定。

围绕"病的人"制定个体化诊疗方案

梅国强强调,西医主要围绕"人的病",而中医则主要围绕"病的人"。多年来,他在临床实践中必以辨证论治为主体灵活运用经方,并根据患者体质、病情、生活习惯、发病季节等方面的不同而确立其证候类型,并以证候类型所体现出的患者的个性特征,同时参考天体、大气、地理等因素,制定个体化的诊疗方案,尽可能使患者在生理、病理、心理、社会关系和环境因素等方面达到和平统一,促进病愈乃至健康。

在上述理念的指导下,梅国强成功探索出运用中医药辨证论治心血管、胃肠道等系统疾病的诊疗思路和经验,为成千上万的患者解除了病痛的折磨。

从医致"精"　医贵以"诚"

梅国强经常向学生传授《大医精诚》有关医术、医德的精髓：第一是精，认为医道是"至精至微之事"，习医之人必须"博极医源，精勤不倦"；第二是诚，医者更要"诚"，以"见彼苦恼，若己有之"感同身受的心，策发"大慈恻隐之心"，进而发愿立誓"普救含灵之苦"，且不得"自逞俊快，邀射名誉""恃己所长，经略财物"。

梅国强于医理医法颇有独到见解，治疗疾病均遵循"简、便、廉、效"的原则，方小药精，力专效宏，以平淡中见神奇，起沉疴于旦夕，对疑难杂症的处理往往出奇制胜。平日里，他对患者满怀恻隐之心，虽近耄耋之年，仍临证不辍，每周出诊数次，诊病数百余人。每遇患者求诊无号时，不论多晚，均为其加号诊病；每遇贫困患者，还为其垫资看病。临证时无论患者询问再多的病情，提出再多的问题，他都缓缓解答，耐心细致。

梅国强总是谦虚地说："我们都是在平凡的工作中尽力而为，我也只是尽了一个普通医生的职责。"

潜心中医科研

多年来，梅国强立足于丰富的中医临床实践经验，在中医科研方面也取得了骄人的成绩。他在长期临床实践和广泛文献研究基础上，借鉴现代科技手段，力图阐明六经病证之病理生理实质，进而在新的基础上重新认识六经辨证论治体系。为此，他带领研究生进行了一系列艰苦的研究工作，并取得了显著成果。1993 年在亚洲首届仲景学术大会上，梅

参加全国第二十二次仲景学说学术会议

国强宣读《太阴阳虚与少阴阳虚证治及其关系的实验研究》论文。该研究用寒湿方法成功地建立了太阴阳虚及少阴阳虚的动物模型,揭示了两证的相互关系及病理生理的变化,科学地证明了六经传变理论,论据充分,言之有物,被与会专家

荣获湖北中医大师名师称号

誉为"第一个真正的中医经典的证候病理模型"。在此基础上,梅国强又进一步探讨三阴病证的病理特征及其与三阳病证之间的关系,完成了"太阴、少阴阳虚证阴证转阳的实验研究"课题,充分证明了中医证候转化的客观性。1992年,"《伤寒论》血虚寒凝证实验研究"和"心下痞辨证及其客观化研究"成果分别获得湖北省政府科技进步三等奖、湖北省卫生厅科技三等奖。"胸胁苦满症象经络电图研究"课题是继"心下痞辨证及其客观化研究"之后又一腹证项目,运用经络电阻值检测技术,对胸胁苦满症与脏腑经络的关系深入探讨,阐明了脏腑经络是一个有机整体。

此外,梅国强还结合临床实际,潜心探索经方治病的内在机制,"温阳活血利水法(强心口服液)治疗慢性充血性心力衰竭实验与临床研究"课题已通过省级鉴定,达国内领先水平;"通腑解毒化瘀汤治疗急性出血坏死性胰腺炎的实验研究"已取得良好成果。

梅国强以其求实的心路历程告诉世人,中医学虽属应用学科范畴,然必不断深化中医理论。科研探索必以中医学术思想为指导,借助现代科学理念和设备,方可与传统中医学术交映生辉,然后用于指导临床工作,以临床实践来检验各方成果。

"临床之际,生命攸关,是以每行一步,必须胆欲大而心欲细,智欲圆而行欲方",这便是梅国强数十年行医之心得。

❧ 个人简介 ❧

常剑波

　　第六届全国优秀科技工作者常剑波，男，籍贯湖北监利，1962 年 11 月出生于湖北省监利县。中国民主促进会会员。1983 年本科毕业于中山大学，1999 年毕业于中国科学院水生生物研究所，获得水生生物学博士学位。"973"项目首席科学家。现任水利部中国科学院水工程生态研究所所长、研究员。兼任水利部水工程生态效应与生态修复重点实验室主任及学术委员会副主任，中国水利学会水生态专业委员会主任委员，中国水产学会渔业资源与环境分会副主任委员，中国水产学会常务理事。农业部濒危水生野生动植物种科学委员会副主任委员，农业部水生动植物自然保护区评审委员会副主任委员，农业部水生物资源养护专家委员会委员，农业部国家级水产种质资源保护区评审委员会副主任委员。国际河流科学学会(International Society of River Science, ISRS)资深理事，世界鲟鱼保护学会(World Sturgeon Conservation Society, WSCS)筹委会成员和理事(2003—2013)。2002 年获得国务院政府特殊津贴，2013 年度获得"斯巴鲁生态保护贡献奖"，是中华鲟在淡水环境下完成生活史并取得全人工繁殖子二代成功的科研合作项目的策划者和技术负责人。国务院批准的《三峡后续工作规划》及其《生态环境建设与保护分项规划》主要起草人之一。主要从事鱼类生态学研究，在濒危鱼类和渔业资源保护方面有较长时间的实践，对水利工程影响下的我国淡水鱼类资源保护，特别是中华鲟和四大家鱼资源的保护问题比较熟悉。发表论文 120 余篇(其中 SCI 收录论文 50 余篇)，参编专著 3 部。获得授权发明专利 2 项及实用新型专利 4 项。获得中国科学院科技进步二等奖 1 次，大禹水利科技进步一等奖 1 次及二等奖 2 次，湖北省科技进步奖一、二、三等奖各 1 次。

❧ 心语 ❧

从大事着眼，从小事着手，认真做好每件事。

以鱼类为支点的水域生态保护研究工兵

——记水利部中国科学院水工程生态研究所所长、研究员常剑波

常剑波 1979 年进入中山大学生物系动物专业，是恢复高考后新三届的幸运儿之一。当时，中山大学生物系对四年级的学生实行专门化教育，一个动物专业被分成若干个小组，由一位知名教授领衔，配备若干教授、副教授、讲师、助教、实验员等，老师对学生的比例超过 1:1，实验课和理论课无缝对接，是一种现在很难想象的"精英教育"方式。出于对英国归国的老一代著名鱼类学家廖翔华先生的敬仰，常剑波选择了鱼类组，就是这个选择，使他有幸接受了当时还是副教授、后来与加拿大学者共同提出鱼类生殖内分泌"林–彼理论"的著名鱼类生理学家林浩然院士的鱼类生理学课程训练，并在后来的工作中经常得到林先生的指点。大学毕业后，常剑波被分配到湖北省水产学校当老师，讲授普通生物学和鱼类学两门课程。1988 年，中国科学院水生生物研究所曹文宣先生将常剑波调到自己手下工作，为他打开了通向鱼类资源和水域生态保护研究的大门。在此期间，除曹先生外，常剑波还有幸得到了刘建康院士、陈宜瑜院士、朱作言院士、梁彦龄先生、邓中粦先生、许蕴玕先生等老一辈鱼类和生态学家的亲炙。尤其是邓中粦先生和陈宜瑜院士，对他研究视野的拓展和研究态度的形成均给予过悉心的指导。2006 年，水利部中国科学院水工程生态研究所（水生态所）所长出缺，通过公开竞聘，常剑波被引进并破格提拔为副所长，并于 2009 年被任命为所长至今。在这10 余年间，常剑波担负了专业科研人员和科研单位负责人的双重角色，在继续带领团队深耕于学术领域的同时，与国内外同行一道，促进了水工程生态影响研究学科体系的建设和发展，并在中华鲟等珍稀、濒危鱼类的物种保护，以及重大水利水电工程的生态修复等领域做出了一定的贡献。

提出调整长江上游珍稀特有鱼类自然保护区的科学依据

在 1991 年完成的《三峡水利枢纽工程环境影响报告》和《三峡工程初步设计报告》中，为减缓三峡工程建设对长江上游珍稀、特有鱼类的影响，提出了在金沙江屏山至合江江段建立珍稀鱼类保护区，选择赤水河等一两条干流上没有建坝的一级支流上建立长江上游特有鱼类保护区的建议和规划。2000 年前后，根据农业部的提议和国家环保总局组织的评审，国务院办公厅批准建立了金沙江雷波至合江江段的珍稀鱼类国家级自然保护区（珍稀鱼类保护区），同时，曹文宣先生领导了在赤水河建立特有鱼类保护区的研究。由于珍稀鱼类保护区的上边界与金沙江溪洛渡水电站坝址相接，并在中间包含了向家坝水电站的坝址，在这两个电站（简称金沙江一期工程）的环境影响评价工作中，如何协调工程建设和鱼类资源保护的关系成为一个关键问题。常剑波受托开展相关研究，在曹文宣先生的亲自指导下，综合分析了长江上游和金沙江下游干支流生态环境结构和其受三峡工程和金沙江一期工程影响的状况，根据主要受影响鱼类物种的繁殖习性，划分出干流中层产漂流性卵、干流底层产粘沉性卵、支流河源区产粘性卵、河流边滩和缓流区产粘性或浮性卵等 4 个大类，提出了同时满足受三峡和金沙江一期工程影响的长江上游珍稀和特有鱼类物种保护需求的保护区规划方案。该保护区包含长江干流的金沙江横江口至三峡水库库尾和一级支流赤水河全部，其中干流上段能够同时提供产漂流性卵（如圆口铜鱼等）和粘沉性卵（如达氏鲟和胭脂鱼等）鱼类，干流中下段的缓流和边

在赤水河源头采用科研专用的电捕鱼采样器进行鱼类资源调查

滩能够满足产粘性或浮性卵鱼类，赤水河河源区能够满足产粘性卵（如岩原鲤和南方鲇等）鱼类的不同需要，保护区下游连接的三峡水库则可为大多数鱼类维持一定数量的种群规模提供支撑。该研究成果成为 2005 年国务院批准调整建立的长江上游珍稀特有鱼类国家级自然保护区的主要科学依据之一。

在法国考察大坝的升鱼机系统

突破中华鲟物种保护瓶颈

中华鲟曾经是长江流域著名的经济鱼类，是葛洲坝水利枢纽工程的主要"救鱼"对象之一。中华鲟是溯河洄游性鱼类，主要在我国的南海大陆架北缘生长，在长江和珠江水系繁殖。历史上，长江中华鲟的产卵场位于金沙江的屏山江段以下至长江上游干流重庆以上江段之间，绵延约 600 公里。与珠江中华鲟群体和长江的绝大部分其它鱼类春季繁殖不一样，长江中华鲟是秋季繁殖的。1981 年以后，其生殖洄游被葛洲坝工程阻隔，在坝下形成了新的产卵场。为了救护中华鲟，国家专门成立了中华鲟人工繁殖研究所（即现在的三峡集团公司中华鲟研究所）开展人工繁殖放流工作，并在 1983 年与农业部长江水产研究所、宜昌市水产研究所等单位合作取得了野外捕捞成熟亲鱼人工催产的技术成果。常剑波在曹文宣院士指导下开展中华鲟资源状况和人工繁殖效果评价，并以此为主题完成了在职博士学位的攻读。在 1999 年底完成的博士论文中，常剑波对中华鲟的资源和自然繁殖状况、人工放流的增殖作用进行了全面的总结，指出葛洲坝工程下游产卵场的效能只有其原长江上游产卵场的 16.5%，而人工放流个体在长江口中华鲟当年幼鱼群体中所占比例小于 3%，并预测了 2000 年以后中华鲟种群数量将出现明显的衰退。他通过研究发现，在没有找到可靠的资源保护和恢复途径之前，建立中华鲟的人工群体是一个非常紧迫的任务。因此，自 1999 年开始，常剑波便与长江水产研究所、中华鲟研究所寻求合作，利用历年人工催产保留下来的数量有限的人工繁殖的子一代个体通过人工繁殖建立中华鲟人工群体。这个想法得到了时任三峡公司副总经理曹广晶以及该公司环保相关部门领导的支持。在一次会议后闲谈时，曹广晶副总经理还开玩笑要求，如果常剑波能够拍胸脯保证一定得到中华鲟人工繁殖子二代，他马上就批准项目的实施。后来，三峡公司为实施中华鲟子二代项目专门修建了试验基地，与水生态所和当时还属于葛洲坝集团的中华鲟研究所签署了 3 方合同，指定常剑波为技术指导组组长，并于 2009 年初将中华鲟研究所从葛洲坝集团整体划转到自己旗下。

中华鲟河海洄游的生活史特点使过去多数研究者对纯淡水条件下建立其人工群体的想法望而却步。常剑波通过对中华鲟生活史的深入剖析，判断其经历的海洋和河流生境的 3 个关键因素压力、盐度和温度中，由于鱼类是等压体、等渗体、变温体，温度变化应该对其生理发育过程产生关键作用，因此提出了以调控温度周年变化为主的诱导纯淡水养殖的中华鲟人工繁殖子一代个体启动性腺发育和成熟的技术路线。在中华鲟研究所科研人员对 9 尾受试亲鱼的精心培育下，经过 2007—2008 年和 2008—2009 年 2 个人工温度周期的调控，项目组于 2009 年 9 月 30 日通过人工催产获得了纯淡水环境条件下长成的中华鲟子一代亲鱼

水生所工作期间，与曹院士和学科组的职工、学生合影

的受精卵 4 万余粒,成为给国庆 60 周年大庆一份意外的献礼。其后,湖北省科学技术厅于 2009 年 10 月 24 日组织包括曹文宣、林浩然和雷霁霖 3 位院士在内的 11 位专家进行成果鉴定,一致认为该项目取得了中华鲟全人工繁殖的突破,但一个完整的成果还需要等到中华鲟子二代存活、长大。2009 年 10 月 26 日,4 年一度的第六届国际鲟鱼养护大会在武汉召开,常剑波临时改变了拟定的主旨报告题目,向来自 29 个国家近 600 名鲟鱼研究专家报告了这一中国人在中华鲟物种保护研究上的最新进展。会后,世界鲟鱼保护学会(World sturgeon Conservation Society,WSCS)理事们聚在一起,因得知法国科学家已经于 2008 年从营养、盐度、光照、温度等多个因素入手突破了欧洲大西洋鲟的全人工繁殖,常剑波打趣道,你们法国人有钱,能够从营养、盐度、光照、温度等多个环境因子开展工作,但我们中国人没钱,只能够从温度一个因子开展研究,幸好这个因素能够起作用。

经过历年人工放流和科研取材消耗,目前,水生态所与中华鲟研究所、湖北宜昌中华鲟自然保护区、三江渔业公司、清江鲟龙公司等单位合作,还保留有近 300 尾最早的中华鲟人工繁殖子二代群体,对 2009 年项目成果鉴定中专家所担心的问题有了圆满的回答。以这些难得的实验材料为支撑,2014 年,常剑波得到科技部最后一批国家重点基础研究发展计划(简称"973 计划")的支持,被任命为"可控水体中华鲟养殖关键生物学问题研究"项目的首席科学家。在这个项目中,除了有合作了几十年、与常剑波有"鲟鱼三兄弟"合称之谓的长江水产所危起伟研究员和原中华鲟研究所所长易继舫研究员参与外,研究团队主要以 40 岁以下年轻人为主。该项目将围绕中华鲟亲鱼启动性腺发育的生理机制、生殖物质积累和转化的营养、温度过程需求开展攻关,同时培养我国鲟鱼研究的后续人才。

在所主持的国家自然科学基金重大项目的中期总结会上作报告

推动内陆水体生态修复和生态状况评价

鱼类既是生态保护的对象,也是生态环境状况的指示物。在全人工繁殖取得突破的同时,中华鲟自然繁殖每况愈下,2013—2015 年均没有监测到它们的自然繁殖行为,其中 2015 年春夏在长江口监测到了中华鲟幼鱼的集群,但 2014 年和 2016 年均没有在长江口发现其幼鱼的踪迹,可以肯定 2013 年和 2015 年长江中是没有中华鲟产卵的。这表明中华鲟的自然繁殖已经由一个年际间连续的生物学现象变成年际间不连续的现象,它既是中华鲟这一个物种资源下降的标志,也是长江生态环境衰退的信号。因此,要从渔业资源和某些关键鱼类物种的种群动态来了解河流生态系统的变化,除了对物种进行抢救性保护外,还要有针对性地根据其完整生活史和维持种群规模的需要开展生态修复工作,达到维护河流健康的目的。

2006 年担任水生态所的负责人以后,常剑波被推到了行业和国家一些重要生态环境保护工作的规划编制和实施工作的第一线。其中,国务院批准的《长江流域综合规划(修编)》和《三峡后续工作规划》的生态环境保护部分都由常剑波牵头。这些工作一方面进一步拓展了他的专业视野,使他在水生生物洄游恢复、大型水利水电工程的生态调度、河流栖息地的再自然化修复等领域有了更加广泛的涉猎。在水生生物洄游通道研究方面,常剑波清晰记得导师曹文宣先生提出的首先要甄别过鱼对象需求的原则,并不急于促成过鱼设施的盲目上马,而是围绕不同种类的鱼类的生态习性、游泳能力等开展研究,积累资料,同时与联合国粮农组织、荷兰交通公共工程水利部、英国南安普敦大学土木工程与环境学院等合作开展相关研究,并力求在适应不同坝型的过鱼设施设计上形成我国自主的知识产权,为今后的国际竞争奠定基础。在大型水利水电工程的生态调度方面,早在 2000 年以前,在曹文宣先生的指导和协调下,常剑波即与原中国科学院数学与系统科学研究所合作,提出了青鱼、草鱼、鲢和鳙四大家鱼自然繁殖规模与产卵场所在江段涨水过程的数量变动关系模型。2004—2008 年,常剑波主持了国家自然科学基金重大项目"大型水利工程对长江流域重要生物资源的长期生态学效应"的研究,围绕大坝生态调度理论技术的多专业协作是其中一个重要内容。其中在 2006 年,常剑波指导青年科研人员将四大家鱼产卵场的涨水过程转化为宜昌江段的流量过程，建议以此作为在三峡水库开展生态调度的依据，并积极推动在三峡水库开展旨在增加四大家鱼自然繁殖规模的生态调度工作。在多方努力下，长江防汛抗旱指挥部办公室自 2011 年至今，连续 6 年实施了生态调度令，取得了较好的生态和社会效益。在河流栖息

聘请国际鲟鱼保护学会主席担任水生态所学术委员会委员

的再自然化生态修复方面，常剑波在《三峡后续工作规划》中提出了对 70%以上的三峡水库岸线进行保留保护的技术要求，并起草了农业部和国务院三峡工程建设委员会办公室联合发布的《三峡水库生态渔业技术规程》。2012—2015 年，在他担任项目负责人主持国家支撑计划"重大水利水电工程生态恢复与环境保障技术及示范"项目中，以丹江口水库、三峡水库、金沙江水库群为对象开展生态修复的研究，取得了大量的理论和应用成果。

无论是生态保护还是生态修复工作，其基础之一都是生态状况的评价。在这个方面，我国研究和工程技术界对其一直是比较模糊的认知状态。常剑波认识到作为国内唯一一家专门从事水工程生态影响方面研究的专业机构的掌门人，有责任为改变这种状况而努力。为此，他积极鼓励水生态所的科研人员特别是年轻科研人员开展这方面的研究，目前已经在水生态状况的生物完整性评价（IBI）、河流生态状况的环境 DNA 监测、大型水体的生态系统结构（ECOPATH）模型模拟等方面形成了初步的基础。常剑波希望，今后无论进行什么决策，都应该有技术手段在决策之前把涉及的生态系统状况搞清楚，然后有的放矢开展工作。即使是进行生态修复，也应该在修复措施实施前、实施中和实施后都有生态状况的评价结果进行检验，使生态学的研究真正为生态文明建设提供支撑。

❧ 个人简介 ❧

第六届全国优秀科技工作者彭文波,男,1966年10月出生于湖北省京山县宋河镇。1990年3月毕业于上海交通大学动力机械工程系制冷工程专业,硕士研究生,获工学硕士学位。现任中国舰船研究设计中心(中国船舶重工集团公司第701研究所)潜艇某型号副总设计师,总装备部某重大专项总设计师。研究员、硕士生导师。研究方向为潜艇总体与系统设计。

曾任国防科工委信息技术应用标准化技术委员会专业组成员。现兼任国家国防科工局军工船舶行业标准化技术委员会委员、中国人民解放军海军装备保障专家组专家、中国船舶重工集团公司转模专家组成员。

作为主要完成人之一完成的某项目获得国家科技进步特等奖。主持和合作主持完成的潜艇大气环境控制系统研究、潜艇CAD集成系统、某型潜艇三维综合布置设计、潜艇总段建造技术、潜艇设计建造一体化技术等多个项目获得国防科技进步奖、中国船舶工业集团公司科技进步奖、中国船舶重工集团公司科技进步奖和工信部科技进步奖等。

获得国家专利和国防专利6项。参编《舰船技术与设计概论》(国防工业出版社)、《现代潜艇设计原理与技术》(哈尔滨工程大学出版社)。

❧ 心语 ❧

走过了便成了路,先人一步,不断前行。

座右铭:大处着眼,小处着手。

不断前行的潜艇人

——记中船重工集团公司第七0一研究所研究员彭文波

有的人成功,始终专注如一,取得持久而非凡的成就;有的人成功,像战士,从一个战场到另一个战场,历练为统兵的将军。中国舰船研究设计中心的彭文波研究员就是后一种人。追随彭文波的成长、成熟、成功轨迹,探索彭文波一次又一次的成功转变,你会发现与其说他是一位潜艇行业的专家,不如说他是在现代科技形成的一个纵横交错的立体网络结构中,整合了庞杂知识体系,形成独有智慧脉络,并以之推动国家国防科技进步的大家。

第一次改变:从孩子王到学习迷

武昌首义路附近两尊舰炮昂然挺立的地方就是中国舰船研究设计中心。彭文波给人第一印象是魁梧儒雅。

"工作中受的伤?"看到他手腕上的寸长伤痕,笔者好奇地抛出第一个问题。

"不是!"回答很干脆。然后想了想,补充说道:"小时候不小心被小伙伴的小刀划伤留下的小小纪念。我小时候是孩子王。"那是怎么样的孩子王呢?笔者不禁来了兴趣,或许过去的经历可以对后来的成功之路做出最佳的注解。

他所说的孩子王,原来是指他小时候打架是出了名的。彭文波很有感触地回忆道,小时候除了蓝天白云之外,印象很深的就是小伙伴们的"发誓"。那年头学校下午三点就放学了,小伙伴们在一起玩耍是最大的乐趣。如果发生争执了,不是直接进入打架程序,而是往往先郑重发誓,说我不是故意的或者我没撒谎等。如果一个人发了誓,大家一定相信他;如果不发誓,就要打架了。那时的打架,有点像决斗,其实就是两个人的肉搏战,然后有一方先服输。笔者问打架对彭文波成长的影响,他调侃道,不打不相识,儿时的小伙伴们现在关系都很融洽。就是因为经常打架,所以现在体格很好!笔者又问,那后来呢?

后来,高考制度恢复了,家乡掀起了读书热。京山县罗店区政府在四中办了一期初中特招班。1978 年彭文波经过全区选拔进入了特招班,第一次系统地用上了全国人教版统编教材,语文、数学、物理、生物、历史、地理、社会发展简史,文理皆备,一应俱全。彭文波就像发现新大陆一样对这些教材课程一见钟情。那时上课的教师多半是上山下乡的知识青年,他们描绘的世界吸引着彭文波如饥似渴地汲取养分,过去打架的劲头全部转化为求知的正能量。彭文波在罗店高中度过了 3 年初中、2 年高中生活,在 1983 年高考预考中获得全县第一,数学满分。7 月 15 日至17 日三天全国统一高考,彭文波数学惨败。谈起当年,他眼内闪光,说起了他父亲。数学考砸后,当夜辗转反则,难以入眠。吃下父亲给他的一片白色"安眠"药,尔后很快入睡(多年以后才知道那只是一片维 C)。高考第三天物理和外语发挥出了应有的水准,总分成绩在荆州(京山县1970 年属荆州地区,1996 年属荆门市)地区名列 148 名。在选填志愿时,按母亲意愿填报了当时在鄂招录的所有医学院。面对人生第一次选择,彭文波

参加国家科学技术奖励大会

解释,当时不到 17 岁,对超导感兴趣,看到上海交大招生简章制冷工程专业介绍超导,第一志愿就填报了上海交通大学。至于为何没有进医学院,彭文波解释说包括武汉医学院在内的各大医学院校那时在湖北被列入第二批录取院校。

不管命运如何安排,那个生于斯长于斯的懵懂少年,实现了从乡野孩子王到交大学子的人生第一次华丽转身。

第二次改变:从古朴宁静的小镇到多元喧嚣的都市

彭文波在哥哥陪护下,离开富水河畔,乘"东方红"号客轮,沿长江顺流而下来到了十里洋场"上海滩",开始了人生的第一次蜕变。

上海交通大学一年级在法华镇路香花桥校区度过。虽然时间短暂,但确是留存于人生的一个重要记忆片段。掸去封存的蜘蛛网,一切犹如昨天发生。彭文波说在香花桥校区经历了1984年难忘的"521"上海地震,使他对很多事物的看法发生了改变,一些遥不可及的东西一夜之间可能就会成为眼前的现实。大二搬迁到徐家汇本部学习,尚不满18岁,直至1990年离开交大。彭文波在上海求学七年。

那时的上海正处于改革开放的黎明,各类思潮学派竞相登场。大一时《人体特异功能》杂志在上海创刊,研究生毕业时《中国人体科学》在交通大学创刊;本科入学时反精神污染,研究生入学时反资产阶级自由化;本科毕业前半年发生"八六学潮",研究生毕业前半年发生"八九风波"。在上海交大读书的七年,那是一个疯狂的时代,也是一个理性的时代;那是一个最好的时代,也是一个最坏的时代。彭文波正是在这种风云变幻的大环境下成长、成熟、成人。彭文波感慨地说,要经得住各种诱惑,把握正确的"三观"非常重要。那时是一个正在"拆除围墙"的大学校园,彭文波有选择地参加在新上院、工程馆等地方由多位大师所做的精彩讲座:张钟俊教授的"漫谈系统工程",迟轲的"西方美术史话",方能达的"世界通用语——世界语"等,让他记忆犹新。另外还有"潜科学""文学是人学"等讲坛,印象都难以磨灭。彭文波特别提到,"论相似、相似论"讲座在方法论、创造论方面使自己受益匪浅。让他更为震撼的是张光鉴展现的将"论相似"演绎为"相似论"的曲折戏剧过程,使彭文波第一次正面认识到,将一个念头或一个想法转变为理论或转变为体系并落地生根,对于成功是多么重要多么困难!这也正是区分常人与成功人士的最好鉴证。那个年代是喧嚣的,因此超觉静坐(美籍印度瑜伽师马哈礼师改良的一种简易的瑜伽术,是以静为主的气功锻炼方法)在交大生也逢时。陈慧华和肖洁欢老师以特音训练的方式开始了第一期马哈礼师(Maharishi)统一场技术的学习传授,彭文波至今难以忘怀。

人都是相互影响的,有的人会影响一辈子。彭文波多次提到要感谢石家泰、叶取源、姜斯宪等老师,还有邹振宇、丁国良、石岩、曹明华、阿贵、老柯等

在荷兰国家宇航实验室参观交流

同窗好友。受这些良师益友的熏陶,他在交大的学习生活才有了丰富的体验和历练,才交出了满意的毕业答卷。彭文波的多项成绩均为 A 或优,多次获得校奖学金,其中工程数学科目成绩更是被孙老师给出了满分。由于年纪虽小却对事物有独到见解,清瘦的彭文波被同学起了个绰号"大彭"。

总结在沪求学之路,彭文波说课程学习只是完成原始积累,有了这个原始积累做前提,才有了摸清事物各自迥异个性的基础,进而形成探寻它们内在共性的途径。只有这样才能掌握自然与社会运动规律,从而站在哲学的高度,通晓自然科学和社会科学领域的真谛。

第三次改变:从空调工程师到数字化造船首席专家

1990 年彭文波获得交通大学工学硕士学位,经过双向选择,来到 701 研究所工作。刚入所,恰逢当时 14 室空调系统设计主管翁汉霖移民美国,于是他幸运地接手成为某型号潜艇系统设计师之一。彭文波工作上手极快,很快完成了从研究生到设计师的转变。

潜艇空调系统是密闭空间的一种特殊系统,直接影响艇员的"两力"(生存能力、作战能力)。我国潜艇空调系统一直沿袭苏联的设计。彭文波刚就职不久,经过细致观察研究,发现我国潜艇活动海域与苏联有较大的不同,生搬硬套行不通,于是提出差异化设计思路,由此推动了空调系统设计的第一次革新。随后,潜艇空调系统的设计又相继实现了四项重大革新:一是发掘武器装备冷却需求,实现了从集中直冷式到分散间冷式的应用革新;二是响应瘦身减肥的要求,实现了从单一功能到多功能集成的革新;三是顺应节能降耗需求,实现了从定工况到变工况的革新;四是从强化潜艇声隐蔽性出发,完成了从功能设计到声学设计与功能设计相融合的革新。由于贡献突出,彭文波获得某潜艇型号工程总指挥黄平涛颁发的嘉奖令。

空调系统设计,牛刀小试,初显工程研发能力,但彭文波从来不拿空调成就说事。在他看来,有专业背景支撑的技术,有科班出身的人从事的行当,算不上真正的技术和真正的本事。的确,彭文波后来所从事且卓有成效的工作,都是大学里没有的专业,或者说是跨专业、多专业融合的复合领域。

人的一生会有很多意想不到的插曲。当初奔着超导前沿技术而去的彭文波阴差阳错地主修了制冷工程专业。要说制冷工程专业高材生从事潜艇空调系统也算专业对口,但他一点也不安分守己,不时地琢磨空调之外的事情。他认为只有走没有路的路,才能走在别人前边。

彭文波在工作中发现我国潜艇研制手段极为落后。在潜艇实施建造前,为解决密集布置和碰撞问题,需要花费人、财、物先行建造两条"假"潜艇:一条是用钢板和木块搭建的 1:1 立体舱室模型,另一条是在放样楼地板上按 1:2 比例分区域、分系统用涂料和香蕉水一笔一划人工绘制出来的整条潜艇三视图。这两条模拟潜艇的建造要花费近百人大半年的工期,不仅方法原始、手段落后,而且严重影响设计效率和质量,也严重影响建造周期。面对问题和需求,彭文波很快找准了目标:通过计算机三维设计、协同作业,实现"三个代替",更新总体设计手段,推进设计建造一体化。

搞计算机专业的不懂应用,搞应用的不精通计算机,这是当时困扰计算机工程应用的两难课题。彭文波在此方面做到了两融,自然而然地成为 701 所首届所计算机应用学科带头人(学科首席专家)。借此彭文波名正言顺、顺理成章地通过三步有序地推进"三个代替"目标,树立了三个里程碑,竖起了三面大旗。

第一个里程碑是基于 AutoCAD 的甩图板工程,拉起了计算机单机应用的大旗。军船行业第一批 DWG 图纸通过彭文波团队诞生,彭文波自称他是大陆第一代准程序员,开发了 AutoCAD 图形 24 针打印机打印程序,四通和 WPS 文件格式转换程序等,其中用 LISP 智能语言开发的潜艇设计程序包至今仍是工程师案头必备工具包软件。第二个里程碑是单机向多机共享应用的转变,举起了基于网路应用的大旗。彭文波和当时的搭档张京伟自筹经费建起了 701 所第一个办公局域网,并利用 FrontPage 自建网站。第三个里程碑是在军船上率先实施三维协同设计,扛起了数字化造船的大旗。

久经期待的"三个代替"目标在这个阶段实现是水到渠成。在彭文波领军之下,基于 CADDS5 平台在军船行业率先践行计算机三维设计协同作业,并通过一系列约定文件构建起三维总体设计体系。这些约定后来发展成为舰船行业标准。

计算机技术的发展一日千里,一般人很少能预见以后的发展与需求,而在已经取得三维设计核心成果、项目成为国防科工口数字化示范工程、个人声名远播、功成名就之时,彭文波提出了颠覆当时 CADDS5 软件平台和 SUN 硬件平台、构筑基于 PLM 单一数据源的全生命周期系统方案并大力推进虚拟造船(VR)应用的建议。由于种种因素,该建议在被搁置十年之后,软硬件平台才终于按彭文波当初的构想开始迁移，彭文波由此成为名副其实的 CATIA 舰船应用第一人，他对技术的持续跟踪，为十年后的技术爆发播下了种子。

彭文波像一个战士，打完一仗不会停留在胜利的战壕；彭文波就是一个战士，总是不断冲向新的战场。因为能征善战、攻坚克难，同事们亲切地称之为"彭大将军"。

参观美国潜艇博物馆

第四次改变：从数字化造船首席专家到潜艇总师

彭文波目前是潜艇某型号工程副总设计师和总装某重大专项总设计师。谈设计，他能把自己历任主管设计师、主任设计师、总设计师处理过的技术问题和经验教训和盘托出；谈建造，他对工艺与设计的上下游关系和数据链了然于心。谈跨越发展，他可从宏观角度对潜艇深度发展娓娓道来；谈小步快跑，他对潜艇系统需要优化的细节如数家珍。经过 25 年的历练，彭文波对行业发展已经驾轻就熟，了如指掌。如今他已成为潜艇装备领域的"定海神针"：只要有彭总在，遇到多大的问题大家心里都踏实。

一艘潜艇就是一座浮游的城市，是一个综合体。从技术发展本身来看，科技的高速发展使学科之间在高度分化的基础上出现了高度的集中，这种集中就体现在集成与综合。另一方面，细节决定成败，特别是作为海战制敌法宝的潜艇，每一处细节的成功可以让官兵少流一滴血，而每一处细节的瑕疵就可能夺去全艇官兵宝贵的生命。作为总设计师，需要比学科首席专家有更大的全局把控能力和对细节的敏锐洞察力。一艘潜艇，如果没有新技术、新材料、新装备的应用，那这艘舰船还没交付部队前就已经注定要挨打；另一方面，如果新技术新设备超过一定比例，那么所带来的风险是不能接受和不能控制的。一艘新型潜艇，理当在创新、继承、集成之间寻求综合平衡和协调发展。

我国舰船过去是以引进和研仿苏联为主，为实现中华民族伟大复兴的中国梦,潜艇必须向深度发展。彭文波又一次站在前沿。某专项是从实现、实践、工程、工艺、验证等五个方面较为系统、配套地对新型号潜艇科研的一次提前启动,是对旧有设计体系的一次再认识,是新的设计体系的自主创新。彭文波作为总承项目的总设计师,将系统工程理念和项目管理方法相结合,较好地把握了顶层、专题、课题三个层次,通过独创分解、分类、分交的"三分法",实现了全局工作的有效协同组织。尤其是在体系再造过程中,不仅注重顶层设计,亲自主导制订了系列化总体性技术指导文件,将总设计师的思想贯彻落实到潜艇系统和项目,并且注重细节控制,亲自主持拟定了"六性"量化基准和安全性指标系数,形成定性与定量兼备的体系化成果。彭文波作为总设计师,视野开阔,高瞻远瞩,把控大局,同行们亲切地称之为"彭大师"。

由于涉及军工内容,细节不便披露,但宏观与微观、战略与战术、创新与继承、技术与管理的有机结合这一智慧之举是值得我们细细体味的。

成功之路给世人的启示

空调系统设计、大气环境控制与全船保障,数字化造船、潜艇总体设计、大趋势发展研究,彭文波在一个又一个领域取得一次又一次骄人的成绩。他在取得成绩的同时,特别注重组织过程资产的形成,并将这些成果体系化、标准化。

笔者问彭文波下一个瞄准的目标是什么,彭文波笑而未语,随后又补充道,肯定和现在从事的工作对象不一样,我不喜欢一件事做两遍,做一遍做到最好,两遍是重复,当然最重要的还是看工作需要。面对变幻的领域,知识够用精力够用吗?彭文波简单答道,如果换成互联网思维,这就不是问题了。

"大处着眼,小处着手",这是彭文波的座右铭,体现了他一贯的工作章法。尽管他的工作项目在变、工作内容在变,没变的是这八个字的体现。大处就是战略与宏观,抓住正确方向,把握主流,领先一步;小处就是战术与细节,细节决定成败,永远先人一步。人们常说的"抬头看路、埋头拉车"在这里得到了完美结合。一路前行,谁也没少走一步,但先人一步是一种实力,更多的是一种智慧。实际上,这里体现的是智慧较之知识的升华。知识是存在、是积累、是过去式;智慧是能力、是预判、是选择、是将来式。我们现在处于"互联网+"、工业 4.0 时代,抢得先机,即占鳌头。这,就是彭文波成功之路给世人的启示。

潘典进

❀ 个人简介 ❀

第六届全国优秀科技工作者潘典进，男，湖北天门人，1964年1月出生。1983年于华中农学院荆州分院农学专业专科毕业，自考本科学历。中共党员。现任荆门市农技推广中心副主任、专业技术二级岗位，农技推广研究员。

2000年被批准享受国务院政府特殊津贴，第六届湖北省和全国优秀科技工作者，2003年被荆门市委、市政府授予"荆门市科教兴市杰出人才"称号，湖北省新世纪高层次人才工程第二层次和荆门市"113人才发展计划"第一层次人才，荆门市"把关人才"，粮油作物栽培主管专业技术官、水稻种子工程首席专家，湖北省油菜产业协会理事，东宝区第五届人大代表。

长期从事油菜、水稻等新品种、新技术推广和创新工作，累计推广新品种、新技术面积超过3000万亩；率先引进筛选的"丰两优1号""新两优6号"水稻和"华油杂系列""华双5号"油菜成为省、市主导和订单品种。"油菜超稀植套种蔬菜高效模式"被《湖北省农业高效模式》一书收录并推广。主持实施的"中国农谷超级稻示范及高光效栽培"和"中稻籼改粳及农艺农机配套高产高效技术构建研究"获实用技术新突破。主持或参与实施完成国家、省、市粮油生产技术项目20多项，获科技奖励25项。其中，"一种水稻外源DNA浸胚育种法"获国家发明专利（专利号ZL200610018625.3），10项获省、部级奖，6项获省科技成果登记。

参与编著了《油菜良种及技术问答》《优质杂交油菜》，受农业部委托主编的农民绿色证书培训教材《优质油菜生产岗位规范》已通过审稿。先后在《华中农业大学学报》《中国油料》《湖北农业科学》《现代农业科技》等国家级刊物上发表论文25篇。

❀ 心语 ❀

农技推广工作看似简单普通，其艰辛远远多于快乐。只要扎根其中，同样能收获一些美好，自己选定了，就要坚定朝前走。

扎根基层　深耕沃土

——记荆门市农业技术推广中心副主任、农技推广研究员潘典进

查看水稻不育系颖花(中)

潘典进常说自己是一个"富农分子"——农民出身、读的农学院、一直从事农技推广工作，与"农"有着不解之缘。这些年，在荆门市区域内哪里有粮油生产技术需求，哪里有疑难问题需要解决，哪里就会有潘典进的身影。周围了解他的人都亲切地称他为"荆门的袁隆平"，这是对他33年如一日默默服务基层、服务农民，努力践行"先进先行、把脉把关、传承传播"的高度评价和认可。

"先进先行"：始终站在农业先进技术的前沿

1983年7月，潘典进以优异的成绩毕业于长江大学农学院(原华中农学院荆州分院)，最初在最基层的荆门市农技推广中心团林试验站、栗溪镇农技站(山区乡镇)工作。从农村到学校再到农村，他没有感到太多的不适应，总是小心翼翼地跟着有经验的同志做一些技术工作，利用工作之余去定点定株观察大田粮油作物生长过程，系统记载并与专业书本知识做对比，进一步加深对理论知识的记忆和掌握。有一年的水稻生长季节，每星期都要徒步翻越两座山坳，去观察他单

独管理的几株水稻,每次观察和标记都要花半天时间。到了该去观察的日期,即使刮风下雨也不例外。其中一株水稻最后长出了超过100根的总苗数,发生了4次分蘖,成穗数接近50穗,他因此牢牢掌握了水稻生长发育的过程和规律。1987年当地杂交水稻制种出现"花期不遇",他利用自己掌握的知识,大胆提出了与技术负责人不同的管理意见,并在技术指导会上说服了绝大多数农民,老百姓按照他提出的方法进行管理获得了成功。第一次小试牛刀,潘典进用专业知识解决了实际生产问题。那一年,他用调查数据整理出了8篇技术论文,荆门市农业局几位老专家看后都给予了很高的评价。

1988年4月潘典进被调到荆门市种子公司,主要负责指导两个村的杂交水稻制种技术。他非常珍惜这一展示才华的机会,每年开春后就带着行李下乡,金秋时节种子收获入库后才回到单位。大半年时间吃住在农民家里,手把手地教农民浸种催芽、育秧插秧和各项田间管理。特别是在预测花期和指导农民喷施"920"农药时,1500多亩丘陵区稻田每块田都要指导到位,连续几天在田埂穿行,取样观察。有时遇上下雨天气,一脚水来一脚泥,全身衣服被淋湿。他驻扎过的水稻制种基地有子陵镇八角村、万家坪村、石桥驿乡石桥驿村、张坪村、白庙街办革

大学毕业25周年(后左一)

集村等,连续三年累计指导水稻制种面积接近 5000 亩,产量和质量均得到逐年提高。经过仔细观察,反复试验,潘典进摸索整理出了一套较完善的三系杂交水稻制种技术,改变了荆门市杂交稻种子产量低、数量不足、长期依靠外调的局面,有力促进了水稻杂种优势利用。参加工作不到 5 年的他,成了每年全市杂交水稻制种技术集中培训会的主讲人之一。

踏实肯干的作风和优异的工作业绩,赢得了领导的信任。1991 年 3 月,潘典进被调入荆门市农业局粮油科,攻克优质油菜制种新技术的重担压在了他肩上。他知道,世界上第一个发现甘蓝型油菜细胞质雄性不育系并将其培育

科普项目考察

成功的是华中农业大学的傅廷栋教授,他使我国油菜品种选育水平走在了世界前列。而自己将要从事的工作,就是要摸索一套双低杂交油菜制种技术,将傅教授的研究成果转化为农民群众丰收的果实。

荆门市第一个小面积制种基地设在隔离环境特别好的漳河水库四面环水的一个小岛上。潘典进和同事多次从烟墩(现漳河镇)步行 3 个多小时走十几公里乡路到观音管理区,再搭乘农家小木船上岛。有一次小船行驶到水库中间时,为赶回家要换乘一条大船,与潘典进同行的一位老专家因为紧张差一点掉进水里。当时已是寒冷的冬季,据当地人说那里的水深近百米,所有在场的人都惊出了一身冷汗。就这样,潘典进和同事们披星戴月,一心扑在试验田里。那年 6 月,虽然 2.89 亩田只收了 50 多公斤油菜籽,但由此拉开了荆门市快速发展优质杂交油菜的序幕。第二年、第三年,他们又在烟墩镇迎接村办起了 150 亩制种基地,在指导建设好基地的同时,花大量精力用来攻克制种产量低的技术难关,使杂交油菜制种亩产很快达到了 50 多公斤。"母本数量增加了,制种产量就提高了。"这是潘典进在双低油菜高产制种攻关时获得的宝贵经验。在研究双低杂交油菜父母本行比多大这一课题时,没有现成的资料。为此,潘典进专程到武汉征求傅廷栋等教

授的意见,但专家们也没有明确的结论。在傅廷栋的鼓励下,他自己下田摸索。开始他将行比确定为1:1,但制种产量低;又扩大母本比例,而且在同等条件下进行多种不同的行比试验,最后才发现2:3、2:4、2:5这几个配比较好。潘典进的双低油菜栽培技术和制种水平受到了省内外专家甚至一些外国专家的肯定,日本、瑞典、加拿大等国的油菜专家多次去荆门市参观考察,有的外国专家甚至把"种子带条播"等科研新成果交给荆门完成。潘典进说:"这对我们来说,既是肯定和信任,又是鞭策和压力。"他发表的第一篇论文就是在此期间完成的,后来刊登在《中国油料》上,主要内容是关于杂交油菜制种父母本行比、密度、施肥量等高产限制因子。

1994年基地转到子陵镇柏坪村,制种面积扩大到500多亩。潘典进在全省率先采用新的双低不育系进行大面积制种,不仅成功地解决了第一个双低杂交油菜华杂3号高产制种和大面积油菜籽硫苷含量高的问题,还开始在团林、五里、官垱镇等多地进行高产栽培试验示范,使当年秋播双低杂交油菜播种面积达到了8万多亩。

此后,潘典进又引进了华杂4号、5号、6号,品种不断更新,制种面积也越种越大,最多时达到了1600多亩。在进行优质杂交油菜种子生产的同时,全面开展了新品种配套保优高产栽培技术试验示范,荆门市双低油菜种植面积逐步扩大。经过4年的努力,全市优质油菜实现了从常规到杂交、从普通到单低再到双低的过渡,荆门油菜产业也很快成为农业优势产业,在全省乃至全国有了一定影响力和比较高的知名度,成为一张叫响荆门的"名片"。

"把脉把关":准确把握专业领域的核心、关键和应变技术

在农业生产中,杂交制种是最累也是技术性最强的。正是因为多次经历了从种到收,系统的水稻、油菜生产和制种工作,理论与实践相结合,潘典进完全掌握了水稻、油菜生长习性和栽培方法,在后来的粮油新品种新技术推广或生产中遇到疑难问题时,都能应对自如,自创设计研究的轻简高效"水稻半旱式直播栽培"获荆门市科技进步奖。

2014年8月16日,荆门北部山区优质稻"鄂中五号"订单生产田正处于孕穗期,几乎所有田块都不同程度地出现叶片枯斑和发黄、泛红,多数人包括农技人

员都认为发生了"稻瘟病",几次喷药后仍不见好转,有的还加重了"病情"。正当村主任和当地农户一筹莫展时,潘典进来到了这里。在详细了解田间管理情况和查看田间长势后,他断定该区域水稻并非得了"稻瘟病",因为病斑与叶瘟症状不完全相符,田间发生程度较均匀一致,没有叶间传染扩散,新长出的嫩叶未出现病症,应该是中前期稻蓟马等为害后,在7月中下旬高温时段喷施高浓度的农药和叶面肥,导致叶肉组织被灼伤。随即指导种植农户适量补充氮肥、保持浅水灌溉等管理,使受损的水稻很快恢复了正常生长,避免了不必要的施药用工投入和更大的产量损失。

荆门市梦金来水稻种植专业合作社2014年因稻瘟病亏损了80多万元,2015年初就开始重视稻瘟病的预防,药物浸种,秧苗带药出嫁,一样不落。即便如此,稻瘟病还是在1200亩水稻中普遍爆发了。7月27日,合作社请潘典进到现场诊断。经询问防治过程,他发现前两次用来防治稻瘟病的药剂虽然商品名不同,但有效成分一样,对病害的治疗效果不好,于是开出了"降湿、配方、助长、足量、查验"的治疗处方,既对症又高效,帮助合作社挽回了损失。

2014年,在发生中稻生产遭遇低温冷害等突发灾害和技术事件时,潘典进及时深入田间地头调查研究,拟定了"控制和减轻中稻低温冷害损失"等对应技术措施在媒体上登载宣传,沙洋县农业局全文印发了1万多份专题小报发放到户,减轻了灾害损失,避免了农业事件纠纷。潘典进是湖北12316"三农"综合信息服务平台(粮棉油)荆门唯一省级专家,也是荆门市农业信息服务最热线联系专家,农户通过转接或直接拨打手机向他咨询,他都热情周到服务,并尽可能赶赴现场指导。作为专家组组长,他每年现场调查研究、协调处置和鉴定水稻稻瘟病、油菜品种混杂、小麦早穗、水稻颖花畸形不结实等农业生产事件,不少于10件次,每次都及时提出解决方案,减轻了灾害损失。钟祥市磷矿镇因为小麦早穗问题,种植农户与经销商打起了民事官司,经潘典进现场鉴定后得到了和解。子陵镇青山村农民张某向潘典进反映秧苗发黄、矮化、叶卷,他同电视台记者冒雨赶到偏远的现场,找出原因,提出3条管理意见,农户十分满意。

农业的根本出路在于机械化。普通机插秧秧龄弹性小,秧苗素质较差,毯苗盘根和干湿度要求较严,栽插废秧漏蔸较多,机械断根伤苗移栽后往往缓苗期长,不利于早生快发夺高产,且单位面积用种量偏多,影响水稻生产效果和生产效益。针对这些实际问题,潘典进通过改进育秧技术和稀植机插为重点的技术攻关,形成了超级稻"早稀控大壮"农机农艺配套高产栽培技术,并将自创成果主动与市农机局合作,通过电视采访和现场讲解宣传水稻钵苗机插秧技术,有效地推动了水稻机械化发展。

"传承传播":加速转化应用新品种、新技术、新模式

在长期的业务工作中,潘典进与华中农业大学、中国农业科学院油料作物研究所、湖北省农科院等多个科研院所和相关专家建立了良好的合作关系,经常向院士、专家请教,这些院士、专家成了他开展农业科技创新的"无形资产"。潘典进说,除了本市的老一辈农业科技工作者外,他特别佩服和感谢的一个人,就是中国工程院院士、华中农业大学教授傅廷栋。"我是他的栽培技术员,要完成他布置的调查试验,他肯定最喜欢我。傅老师说,荆门是他研究、推广优质油菜的'井冈山根据地'。因为华杂系列的2、3、4、5、6号品种,都是最先在荆门推广然后在全省、全国推广的。"傅廷栋教授科学严谨的治学态度、吃苦耐劳的工作作风、乐于奉献的高尚品格,潘典进一直视为楷模。

1995至2002年,潘典进以合作方式引进全国最大的两家种业公司"丰乐种业"和"荃银禾丰种业"到荆门,率先开展优质杂交水稻示范推广和产业化开发。完成了"丰两优1号""新两优6号"等优质两系杂交水稻品种的区域试验申报和普及推广,集成试验推广了水稻"旱抛秧""稀控重"和"优质油菜保优高产栽培"等实用技术。

随着国家农业政策的调整和农技推广体制的变化,国家和省级项目都是跨过市级直接对口县区,市级农技推广部门职能好像悬在了"半空","如何适应新形势、懂得新需求、发挥新作用"是一道艰难而又艰巨的课

项目成果汇报

题。潘典进充分利用"比上更接地气比下更懂技术"的优势,自主研究探索农业实用技术。2014年他在主持实施"水稻高光效(斜插法)栽培试验示范"项目期间,为获得光合效率值,正午冒着近40℃的高温酷暑,与相关技术人员进行抽穗扬花期光照强度及光合效率等数据调查,八个行向处理调查完至少要耗时一小时,衣服全部被汗水湿透。经过对调查数据的分析整理,他创新性地提出了南方籼型超级杂交水稻栽培行向"午时顺光"的结论。原荆门市委书记万勇在项目总结报告上批示:"感谢专家和现场试验技术人员的辛勤劳动!……"

潘典进还与"昕泰""敬成""泉水""袁涛""全兴建平""香龙山牧业""万农富农业技术服务""天谷恒丰"等农业专业合作社、示范基地、家庭农场建立了良好的合作关系,从种植规划制定到生产技术管理,进行跟踪服务和无偿技术指导。

由荆门市农业局安排,潘典进为湖北晨昱晖农业科技股份有限公司(昕泰)开展杂交粳稻新品种育种研发工作,全力配合从美国水稻科技公司回国的都汉林博士。做了大量细致的前期准备工作,提出了多项建议,还为都博士引荐国内水稻育种专家,陪同都博士现场考察水稻品种选育和试验示范基地,为开展杂交水稻品种选育奠定了基础。

潘典进全年基本没有公休日,半数以上时间服务于田间地头。每年都要对掇刀、东宝、漳河新区三区农技人员、专业合作社和家庭农场主、新型职业农民进行十几场次2000人次以上的农技培训,主讲内容包括实用技术、现代农业、高产创建技术、超级稻栽培、粮油作物栽培技术研究与实践、农业项目设计、立题和实施、论文撰写和PPT制作、职称申报等,全部都能紧贴实际和培训对象。有时还运用电脑或手机视频、微信、QQ进行远程和智能化交流服务。他每年都根据农业政策、资源、技术、市场等变化,认真撰写科普文章数十篇,发表于公共宣传媒体,让村民方便看、跟踪学、照着做。他还兼任荆门市农村党员实用人才培训教师,荆门市人社局和妇联创新创业指导专家,华中农业大学校外实习指导教师,带领、指导和培养的多名专业人员已成为各自岗位的技术骨干。

参加工作33年来,潘典进养成了"善观、勤学、敏思、苦行"和勇于创新的工作作风,用他独特的技能辛勤耕耘着荆楚大地,履行着一名职业农技员的职责。近年来他自创设计并实施的"种养结合(青贮玉米)""再生稻""水稻节水灌溉"等试验示范研究重大课题或项目已进入示范完善阶段,又一批技术成果将会很快应用于生产实际中。

后记

　　宣传优秀科技人物是科协组织的一项长期性工作。为了做好这一具有创新意义的工作，我们深入高校、科研院所、企事业单位，以文字、图片的形式，讲述优秀科技人物创新、创业的精彩故事及取得的重大科技创新成果，弘扬他们报效祖国、服务社会的奉献精神，求真务实、勇于创新的科学精神，不畏艰险、勇攀高峰的探索精神，团结协作、淡泊名利的团队精神，以期为创新驱动战略的深入实施提供精神动力，激发全社会的创新创造活力。

　　本书在体例安排上按宣传对象的姓氏笔画排序，每篇作品力求风格平实，内容真实，向读者还原优秀科技工作者事业上的兴衰荣辱，生活中的喜怒哀乐，使得人物形象生动鲜活，真实可信。湖北省科学技术协会密切联系科技工作者本人及其所在单位，在稿件撰写和修改过程中，充分尊重专家学者的意见，确保所涉专业术语准确，事实清楚，数据翔实。稿件收录后，先经湖北省科学技术协会严格把关，再由世界图书出版广东公司多位资深编辑对文稿进行细致的三审三校，以确保本书的质量。

　　本书筹谋之时，正值岁末年初之际，所选对象公务十分繁忙，但为了本书的组稿工作，入选者及其所在单位积极支持，大力配合，拨冗撰稿，数次修改。本书在编辑过程中，还得到美术设计师、编辑、记者朋友以及专业人士的热心帮助。在此一并表示衷心的感谢！

　　由于我们水平有限，本书难免存在疏漏和不足之处，敬请大家谅解，并给予批评指正！

编　者

2016 年 10 月